躬耕拾遗

高冬梅——著

西北大学出版社
·西安·

图书在版编目(CIP)数据

躬耕拾遗 / 高冬梅著. —西安：西北大学出版社，2022.11

ISBN 978 - 7 - 5604 - 5007 - 0

Ⅰ.①躬… Ⅱ.①高… Ⅲ.①中学语文课—教学研究—高中 Ⅳ.①G633.302

中国版本图书馆 CIP 数据核字(2022)第 170893 号

躬耕拾遗　高冬梅　著

出版发行	西北大学出版社
地　　址	西安市太白北路 229 号
邮　　编	710069
电　　话	029 - 88303940
经　　销	全国新华书店
印　　装	陕西隆昌印刷有限公司
开　　本	787mm×1092mm　1/16
印　　张	13.5
字　　数	210 千字
版　　次	2022 年 11 月第 1 版　2023 年 2 月第 2 次印刷
书　　号	ISBN 978 - 7 - 5604 - 5007 - 0
定　　价	56.00 元

本版图书如有印装质量问题，请拨打电话 029 - 88302966 予以调换。

成长，永远在路上

教育，是一场修行。

成长，永远在路上。

收到高冬梅老师的大作——《陪你一起过高三》，多少感到有些意外。平时与高老师来往较少，查看微信通讯录后才得知，我们在线上认识已有好多年，也算老友了。这几年她偶尔会发一些稿件给我，我也读过她公众号的一些文章，但说实话，未曾细读。近日，高老师说要寄书给我，我感到有些意外。书中附书信一封，简要说明了自己的教研情况，希望我能为她的另一部书作序。这让我更加意外。感谢高老师的信任！序文不敢说，我把对高老师作品的基本印象和自己对教育的一点粗浅思考呈现给大家，以期共勉。

高老师是陕西省靖边县的一位中学老师，她扎根一线二十多年。她所在的学校，不管是教育资源，还是经济条件，都不算太好。但她在近几年居然计划出版三本书，单就书稿内容而言，这些量也绝不是三五年就能积累起来的。可见，高老师应早有此打算，并为此做了多年准备。她把自己二十多年来对教育、教学、管理、育人的思考及时记录、总结、归纳，并予以提炼升华，集腋成裘，厚积薄发。这些文字，对自己、对学生、对教育而言，都是莫大的贡献。其坚持思考、笔耕不辍、一心育人的精神令人感动！

首先，向高老师第二本著作《躬耕拾遗》的出版表示衷心祝贺。

在很短的时间内，连续出版专著，对一位中学老师来说，难度可想而知，其中的甘苦只有自己知道。所以，一定要隆重祝贺！

在《陪你一起过高三》的自序中，高老师说："让学生爱上学习、主动学习、快乐学习，应该是作为老师的我们教学生涯中的一个重要课题。让学生学会生活，成为他们努力想要成为的样子，而不仅仅是获得高分或取悦他人，获得廉价的赞赏。"此话道出了教育的真谛。教育的本质是什么？多少专家学者都在寻找解释和定义。"让学生爱上学习、主动学习、快乐学习"是一线教师追求的教育目标和育人境界。理想往往很美好，现实却是遍地荆棘。要分数要成绩要排名，而不是要能力要素养要德行。为实现"主动学习、快乐学习"的教育目标，一线教师要付出常人难以想象的努力，在夹缝中寻找教育的精神家园。高老师应该找到了其中的秘诀。

在高老师的书中，我们看到的是她乐在其中，乐此不疲，少有抱怨，多是坚持和坚守。高老师的成果不是把一些学生作文、教学设计或教学案例汇集起来，而是从日常教学中发现、收集、总结，以自己的理解表达感受和思考。书中有一线的鲜活例证和研究心得体会，值得基础教育研究者参考。

其次，向高老师对语文教育的不懈探索致敬。

"所有人都是在成长的过程中逐渐认识自己和世界的，不断地发现问题、解决问题，学习并学会成长，以期成为更好的自己，成就更好的人生。"对于高老师的这句话，我"心有戚戚焉"。教育即生长，杜威如是说。高老师的教育主张，大概来源于此。对此主张，我深表赞同。我们的教育教学活动，最终是要让学生成长为独立、完整的自己，成为能够独立学习、独立生活、独立思考的一个完整的人。教师的作用在于引导，在于示范，领着学生前行，而不是代替学生体验。学生该经历的一定要让他们亲身经历，需要学习的一定要学会，该拥有的基础思维方式一定要具备。如此，就是学生学会了成长，在学习过程中成为更好的自己。因此，新课标才有创设学习情境、布置学习任务、安排学习活动的基本要求。这些要求就是让学生在学习过程中亲身经历、感受、体验、获得，具备必要的知识和关键性能力，从而形成核心素养。

从高老师的教学经历可以看出她对教育理想的践行。期待高老师的教学实践能走得更远，让更多的学生受益，为更多的同仁做出示范。

最后，为高老师对基础教育的理想追求点赞。

"走过这段艰难的日子，回望来时路，曾在平凡中孕育理想，在痛苦中守望幸福，在徘徊时坚守承诺，在失落时寻找光明。"高老师的这段话，正是对教育教学实践的阐释。教师，为人师表，为国育才，传道明理，授业解惑，责任重大，使命光荣。正如习近平总书记在北京师范大学考察时提出的"四有好老师"的要求：有理想信念，有道德情操，有扎实学识，有仁爱之心。基础教育是学生打基础的阶段。在这一阶段，学生既需要教师"仁爱之心"的关心和爱护，需要言传身教的师道，又需要教师具有深厚的道德修养、坚定的理想信念和崇高的信仰。基础教育阶段又是学生的世界观、人生观和价值观形成的关键时期，更需要教师，尤其是语文教师具备全面的专业能力和教学素养。

高老师几十年如一日，坚持理想追求，培养了一代又一代合格的学生，为他们走向未来打好了基础。她和学生一起成长，一起等待花开，然后，在他们的身后，默默守望他们未来的幸福。祝福高老师！

成长，永远在路上。

岁月易逝，文字永恒。

愿这些文字在未来的日子，温暖岁月，温暖你我！

张万利
2022 年 8 月于西安

目录 | Contents

第一辑　教海拾贝

- 001　语文个性化教学的三个支点
- 005　另辟蹊径
  　　　——我的个性化教学心得
- 007　关于课外阅读的一点思考
- 010　选修课该怎么"选",怎么"修"?
- 012　先秦诸子教给我们什么?
  　　　——《先秦诸子选读》教后感
- 014　谈环境描写的作用
- 016　浅析"最简思维"在诗歌鉴赏中的运用
- 020　陶行知教育思想启示录
- 025　学会夸学生
- 028　爱与我共同成长
  　　　——做优秀的老师才能赢得学生的心
- 031　串行
  　　　——读《钱梦龙与导读艺术》有感
- 037　教童话、寓言、神话三法

第二辑　课改反思

039　小学语文教学要立足高远
　　　　——对新课标理念下小学语文教学的思考
045　拿什么拯救你，我的课堂？
048　此"黛玉"非彼"黛玉"
051　还语文一点安静的空间
054　直面学生
　　　　——浅析教改中师生关系的处理
057　课改背景下小说导学案设计的思维探究
061　课程改革推进中的一点思考
064　"271模式"的实施
　　　　——激情投入是关键
067　也谈模式
　　　　——关于新课改反思
070　敢问路在何方？
073　群文阅读下学习理解能力提高的探究

第三辑　课文孔见

076　曾晳何以敢鼓瑟
078　心灵家园的守望者：陶渊明
　　　　——《饮酒》赏析
080　讲析《桃花源记》，渗透思想教育
082　《装在套子里的人》与《变色龙》的比较性学习
084　让情感带路
　　　　——《报任安书》难点突破
087　浅析"希望其有，希望其无"
　　　　——也谈祥林嫂之死

089　析英雄座次，看楚汉战争
　　　　——《鸿门宴》精点精析
092　养在深闺人未识
　　　　——小议《张衡传》的重要性
094　当诗句有了温度
　　　　——读《归园田居》（其一）有感
097　从三个境界的角度赏析中国古代山水田园诗文
101　《林黛玉进贾府》中的说话艺术

第四辑　作文导航

104　怎样写好一篇作文？
110　作文拟题三步骤
112　作文面改益处多
115　激趣破难，以读促写
118　变脸
　　　　——浅谈《围城》中的人物描写
125　语言多彩，满篇皆活
129　语文老师要有体育老师的"下水"精神
137　那些人，那些事……
　　　　——写人、叙事、抒情类文章的写作训练

第五辑　教育"行"得

143　昌乐二中课堂构成及启发
146　"退步"也是一种美
　　　　——宜川中学学习心得

148　乌兰察布学习总结

151　铿锵大荔行
　　　　——记大荔县城郊中学校长孙铁龙

154　岭南纪事

158　走心教育，独领风骚
　　　　——北京学习心得体会

第六辑　文学乱谈

166　穿透美丽的悲哀

169　在青春的时光里，我们深深爱过
　　　　——读《从你的全世界路过》有感

171　请相信爱情
　　　　——读《平如美棠》有感

173　一种情愫两样文章
　　　　——《蒹葭》与《雨巷》的对比性学习

177　丰富生命体验，提高审美情趣
　　　　——小谈"月满西楼"

180　本是人间可怜人
　　　　——杨二嫂与七巧的对比性学习

附　录

183　明眸善睐
　　　　——作文拟题教学设计

191　《长恨歌》的研究性学习

198　《病梅馆记》教学设计

202　中国古代文学史顺口溜

第一辑 教海拾贝

语文个性化教学的三个支点

"上了几千节课,教了几十年书,送走了很多届学生,要问自己的教学模式是什么,教学特点有哪些,实在说不清。"一位有三十多年教龄的"资深"教师如是说。旧的教学观念和体制抹杀了教师的个性,忽略了教师的主动性和创造性。教师循规蹈矩,墨守成规,这使得教学趋于单一化、模式化。新的教学大纲和教学观念要求教师进行"个性化"教学,要求教师在教学过程中有自己的风格和独创性。

要知道"个性化"是什么,就要先明白"个性"的含义。在这里,"个性"具有双重含义:其一是指事物的特征,其二是指一个人比较固定的特征。教师是具有独立特征的个体,应该具备个性;同时,教师所选择的教学内容也应有与众不同的特征,在教学过程中,应掌握教材的"个性"。由此可见,语文学科的"个性"就是其学科特殊性。我认为,语文的个性化教学应注意以下三个支点。

首先,要从大的方面着手把握一部作品。这就好比想要确定一个点的位置,就要先建立坐标一样。对一部作品而言,它的坐标就是作品产生的年代和反映的时代特征。我们无法要求曹操去隐居、陶渊明去打仗,这就和我们要求"凿壁偷光"的匡衡去发明电灯泡一样可笑。文人所在的时代赋予了他们特殊的使命,其作品所反映的主题也就有了特殊性。例如,李白与杜甫都是唐朝的诗人,但他们的作品风格迥异,这与他们两个人生活的时代特征密不可分。李白生活于盛唐,他的乐观与怀才不遇隐藏在盛唐富庶繁华、雍容华贵的外衣下,他的诗中也透着飘逸与乐观的浪漫;杜甫则生活于唐王朝由盛转衰的时期，在家国动荡不安、个人漂泊无依的双重煎熬下，成了一位忧国忧民的现实主义诗人，他的诗中透露着时代的悲凉和厚重的思考。即使他们创作相同题材的作品，其风格也相去甚远。同是鄙夷权贵，李白说"安能摧眉折腰事权贵，使我不得开心颜"；杜甫却说"野人旷荡无靦颜，岂可久在王侯间"。同样是写友情，李白说"我寄愁心与明月，随君直到夜郎西"；杜甫却说"故凭锦水将双泪，好过瞿塘滟滪堆"。同样是写边塞，盛唐诗人能写出"男儿本自重横行，天子非常赐颜色""黄沙百战穿金甲，不破楼兰终不还"的爱国热情和壮志豪情；而到了中唐，这种豪迈之气就变成了"腰悬锦带佩吴钩，走马曾防玉塞秋。莫笑关西将家子，只将诗思入凉州"的小诗，其间寄寓着对苍凉时代和个人身世的感慨。由此可见，每一部作品都具有其时代特殊性。

时代不仅能造就拿破仑、孙中山这样的风云人物，同样也能造就托尔斯泰、巴尔扎克、鲁迅这样的文坛巨匠。于是，特定背景下各式各样的人物形象也就产生了。孟子生活的年代社会已出现贫富差距，所以孟子才有"不患寡而患不均，不患贫而患不安"的看法和担忧；陶渊明生活的时代战乱连年，人民无法拥有和平安宁的生活，所以他才想过"世外桃源"的生活。也正是由于这个原因，盛唐时期，从黎民到戍卒都慷慨激昂、豪迈乐观；而到了南宋，即便是九五之尊，也难免带有一些悲哀与无奈。时代赋予了作品浓郁的独特风味，因此了解时代背景的特殊性，是个性化教学的一个重要支点。

其次，教师需要对教学内容做"个性"把握。作品的"个性"取决于作者的"个性"。一部文学作品，无论是虚构还是写实，都是作者对生活的理解、感悟和再现。作者的个性由先天因素和后天因素共同决定，后天因素起主导作用。后天因素包括时代、社会、家庭、地域及文化等。总的来说，后天因素与作者的人生经历息息相关。例如，鲁迅出生于浙江绍兴一个没落的士大夫家庭。鲁迅的外祖母家在农村，他经常随母省亲，因而熟悉农村社会，与农民保持着亲密的交往，对他们的贫穷和痛苦怀有深切的同情。后来，周家遭变故，家道中落。少年鲁迅经常出没于当铺和药店，在被侮辱、受歧视的环境中，认识到社会的冷酷和势利。所以，他的文章特别关注下层劳动人民的生活状况,对那些处于社会底层饱受迫害却麻木不仁的国民形象更是刻画得入木三分。沈从文出生于湖南凤凰县,凤凰县地处湖南、贵州两省交界,是苗族等少数民族的聚居地。湘西的山川河流、花草树木——大自然的一切,为他日后从事文学创作打下坚实的基础,成为他取之不尽、用之不竭的创作源泉。在这无拘无束的自然环境中长大,他有着不同于城里人的纯朴与善良,懂得用平和、友善的态度关注人生、关注生命。这使得他的作品能够融合自然景物与风土人情,融合朴实与高雅,情感丰富,情景交融,抒情味极强。再如"自叙体"小说代表作家郁达夫,他个性脆弱,多愁善感,容易陷入自伤自悼的情绪之中。他情绪激烈,始终不管不顾地剖白内心,素面朝天,碰壁在所难免。碰壁之后,他又常常陷入自我伤害和自我封闭之中,不谙世事,率性认真。他具有强烈的现代意识和个性追求,但封建反动势力却在疯狂反扑。所以,在《沉沦》中那个被欺侮、被歧视、心灵被扭曲的爱国青年,其实就是郁达夫自己在那个荒唐时代富有悲剧色彩的真实写照。综上所述,在分析作品之时,对作者"个性"的了解是必不可少的。

最后,个性化教学还应注意教师的"个性"。"一千个读者就有一千个哈姆雷特",其实语文教学也一样。同样的内容,因不同的教师具有不同的教学理念、不同的文化知识储备和不同的人格魅力,自然就能呈现不同的教学方式和教学效果。试举一例:一个性格外向的老师在教学过程中往往容易吐露心声,向学生表达内心感受,课堂气氛相对轻松,学生对一些感性的知识就掌握得快些、容易些;而一个性格相对保守的老师在教学过程中更注重对理性概念的传授,所以他的课堂逻辑性会强些,虽然课堂气氛会不如前者,但学生的条理性和对基础概念的掌握会相对好些。这只是教师个性对教学影响的一个方面。除此之外,教师还会在性格、习惯、爱好等方面无形中对学生产生诸多影响。所以,教师应先"知己",针对自己的特点、个性扬长避短,有针对性地与学生的个性进行"衔接",实现提高教学质量的目标。

当然,在个性化教学的过程中,我们还应注意其他因素,如针对不同班风的班,要做到因势利导,积极教育。由于多种因素的影响,一个班组建后，会逐渐形成一些与其他班不同的特点——班风。有的班气氛活跃一些，对于这类班，教师应注重引导调控；而有的班课堂气氛会沉寂一些，对于这类班，教师应注重启发式教学。而同一个班在不同时期也会有不同的特点：某一段时期，学习氛围会浓一些；过一段时间，学习氛围就可能会淡一些。教师应及时调整授课方式方法，针对不同班或同一班不同时期的特点，制订个性化授课策略。同时，针对不同学生的个性，因材施教，以不同的方式进行个别教育和引导。"世界上没有两片完全相同的树叶"，同样地，世界上也没有两个完全相同的学生。在教学过程中，即使两个学生犯了同样的错误，在纠正和引导时也不必"一视同仁"，而应针对学生的个性特点分别加以纠正和指导。例如，几个同学在同一道题上"栽了跟头"，但其错误原因往往是不同的：有的同学是因为审题不严，有的同学是因为基础知识掌握得不够准确和牢固，有的同学是因为答题思路有误，有的同学是因为语言组织表达能力较差。对于这些同学，我们应该从不同角度，有侧重点、有针对性地进行点拨，让他们弄明白错误原因，进而加以改正。

个性化教学是对教师综合素质的考验。教师既要注重知识的传授，又要注意对学生个性的培养，这就要求我们教师在实践过程中不断自我提升，从各个方面培养自己的"个性"。希望我们能成为教育行业坐标中的一条射线，从一个起点出发，越走越好，永远向前不断迈进。

另辟蹊径

——我的个性化教学心得

日新月异的社会,要求人们发展个性,活出自我。同样,教育发展也要求教师在教学过程中逐渐形成自己的特色,进行个性化教学。为了适应教学发展的新要求与新趋势,在教学中,我努力探索教学新法,希望走出一条具有"自己特色"的教学之路。经过不断的尝试与努力,在这个岗位我取得了一些收获。下面就个性化教学问题谈谈我的心得。

"庖丁解牛"一语出自《庄子》。故事讲述庖丁用一把刀"解"了许多牛,然而刀刃依旧完好无损,他的诀窍在于顺牛骨节自然而"解"。讲析课文也一样,认清每一篇文章的特征,然后寻找独特的突破口,抽筋提骨,剖析重点难点,文章便会自然而"解"。只有这样,学生与教师才会有意想不到的收获。

首先,认清文理,遵"题"顺理。

"眼睛是心灵的窗口",同样地,标题也是文章的窗口,往往是破解课文内容的切入点。

例如,在解析诗歌《黎明的通知》时,就可从标题入手,把握课文内容。针对标题可提出一系列问题:黎明为何要发出通知?黎明如何发出通知?黎明给谁发出了通知?黎明发出了怎样的通知?这样,作者的写作原因、目的,诗文的主要内容就一目了然了。

再如《曹刿论战》,看到课文标题之后,我们会不由得思考:曹刿是什么人?曹刿为何要论战?曹刿如何论战?战争结果怎样?这样,文章的主要内容思路就很清晰了。

还有许多课文,如《斑羚飞渡》《死海不死》《唐雎不辱使命》等,都可采取"遵'题'顺理"的讲法。

其次,窥斑见豹,擒贼擒王。

"文如看山不喜平",几乎每部优秀作品都有较为集中的精华或高潮部分。学习课文时,可以暂时抛开整体讲局部,由局部见整体。

例如,《鲁提辖拳打镇关西》一文中的精彩片段是"拳打镇关西"。那么,鲁提辖是怎样用拳头打镇关西的?可以让学生带着这个问题找出全文最精彩的片段,反复品读、赏析。学完文章最精彩的片段之后,教师列出问题让学生思考:镇关西是什么人?鲁提辖为何要打镇关西?打的结果如何?通过此事,可以看出鲁提辖是怎样一个人?这样,就能由局部带动全体,实现对课文内容的整体把握。

再如学习《小橘灯》时,教师可引导学生思考:"小橘灯"是什么样的?从哪里来的?小女孩为什么要送给"我"小橘灯呢?小女孩又是谁?这样,教师只需给学生适当提示,文章的教学难点(揭示小橘灯的象征意义)便很容易突破。

同样,散文《背影》也可采取类似讲法。

最后,迷宫处处,琵琶反弹。

分析一篇文章时,由因到果是一般的思路。但有时候,由果及因也未尝不是一种极好的文章分析思路。

例如对课文《荔枝蜜》的学习。《荔枝蜜》是初中语文篇目,曾有无数优秀的课堂案例,但这些案例大多是按照课文线索,即以"我"对小蜜蜂的感情变化为线索来讲的。其实,这篇文章完全可以倒着讲。如文章结尾写道:"那天夜里,我梦见自己变成一只小蜜蜂。"教师可提示:"他为何会梦见自己变成一只蜜蜂,而不是其他小动物呢?"学生可能会回答:"因为他喜欢蜜蜂。"教师可借机引导:"他为什么喜欢蜜蜂?他是怎样了解蜜蜂的?他最初就很喜欢蜜蜂吗?"这样一步步由果推因,也很容易推断出文章线索,厘清思路,体会作者的思想感情和文章主旨。同时,这种由果析因、由渊导源的讲析方法能够发散学生思维,调动其学习兴趣。可采取这种讲析方式的课文还有《驿路梨花》《一面》《桃花源记》等。

两千多年前的庄子就告诉我们"庖丁解牛"的故事,两千多年后的我们为何不将其原理应用于教学实践呢?让我们用个性化的"刀"引导学生解析一篇篇文章。在个性化教学的道路上,我们一定会满载而归。

关于课外阅读的一点思考

前不久,看到这样一则材料:有调查显示,随着学生年龄和年级的增长,学生的课外阅读量呈现减少趋势,学生课外阅读量最大的时候是小学高年级,到了初中仍有一定的课外阅读量,高中生的课外阅读量最小,其中名著阅读量更是少之又少。高中生不读"书",主要是因为课程紧张,升学压力大,无暇阅读课外书籍。

观察我校(靖边中学)的情况,会发现这一调查基本符合实际情况。我校作为省级重点中学,学生的学习压力很大,课外阅读量非常少。学生课外阅读量的减少直接影响了他们的人文素养,不利于他们的全面发展与成才。课外阅读是非常重要的。从长远来看,阅读不仅可以丰富一个人的知识,开阔一个人的视野,还可以修身养性,培养一个人的独特气质。"粗缯大布裹生涯,腹有诗书气自华"说的就是这一点。往近了说,阅读不仅可以帮助学生多思考、多动笔、多积累,提高他们的思维能力,更有助于学习成绩的提高。诗云"读书破万卷,下笔如有神",倘若能在高考考场上"下笔如有神",那岂不是美事一桩?不仅仅是作文,书读多了,学生的阅读能力也自然会得到提升。有研究表明,只有一个学生的课外阅读量达到课本4~5倍的时候,他才会形成语文能力。也就是说,语文能力的养成与提高,离不开海量的阅读。同时,阅读也是一种乐趣,它会给我们枯燥乏味的生活带来一种情趣。面对高考的"步步紧逼",高中生的升学压力越来越重,很多学生面对机械的学习生活,感觉苦不堪言。这时增加一些课外阅读,可以调剂生活、调节心情、调整心态,从而使学生更积极地投入紧张的学习中去。

但是,面对日益加重的课业负担,我们该如何弥补学生课外阅读量的不足呢?要解决这个问题,就要解决读书的时间问题。

要解决时间问题,先要更正学生的观念。阅读是快乐的体验,而不是

痛苦的折磨。只要他们爱读、想读，时间就能"挤"出来。欧阳修曾有过"三上"的佳话，他在《归田录》里写道：

> 钱思公虽生长富贵，而少所嗜好。在西洛时，尝语僚属言：平生惟好读书，坐则读经史，卧则读小说，上厕则阅小辞，盖未尝顷刻释卷也。谢希深亦言：宋公垂同在史院，每走厕，必挟书以往，讽诵之声，琅然闻于远近，其笃学如此。余因谓希深曰：余平生所作文章，多在三上，乃马上、枕上、厕上也。盖惟此尤可以属思尔。

后人将此概括为"马上""枕上""厕上"，欧阳修的时间就是这样挤出来的。只要阅读的内容是学生感兴趣的，让他们感受到阅读的快乐，他们自然会有阅读的时间。

还有一种方法可以借鉴。在昌乐二中的课程表中，每周至少有四节阅读课，这样学生的阅读时间就可以得到制度上的"低保"，既不增加学生的课业负担，又能增长学生见识，何乐而不为呢？

那么，如何让学生的阅读快乐起来呢？

这时老师的作用就很重要。老师应推荐能激发学生学习兴趣且对学生学习起到帮助作用的阅读内容。当然，针对个别学生，也可以定制相应的阅读内容。

首先，除了传统的经典名著之外，语文老师可以试着推荐容易激发学生兴趣的作品，如极具中国传统文化特色的金庸武侠小说。金庸的作品结构严谨，小说知识涵盖面广，语言也很有特色，心理描写细腻。最重要的是，金庸的很多小说被拍成了电视剧和电影，学生对其大致情节已有所了解，读起来更容易理解，易于坚持。当然，学生在学校读这类书时，老师要进行积极、正面的引导。

其次，老师可以推荐"特色"类作家作品。例如：对于向往流浪的同学，不妨推荐三毛的作品；对于喜欢小品文的同学，不妨推荐林清玄等人的作品；对于文静、内敛的同学，可以推荐亦舒的作品；对于喜欢诗歌的同学，可以推荐海子、席慕蓉等人的作品；喜欢散文的同学，不妨看看余秋雨；喜欢历史的同学，可以看看演义类作品；喜欢都市气息的同学，可以看看青春励志类作品……"特色"类作家和作品，能快速点燃学生的阅读激情。

再次，老师可以推荐部分网络作品，如《人生若只如初见》《明朝那些事儿》等。老师大可不必"谈网络而色变"。社会的多样性造就了网络文学的多样性，良莠不齐，鱼龙混杂。面对这些，我们不能因噎废食，一刀切地禁止，而要正确引导，切不可"防生之目"。更何况，不论我们如何"防"，学生的眼睛和心灵终究是防不住的，这些东西永远会出现在他们的周围。我们虽然阻止不了他们的好奇心，但可以引导他们对这些内容进行正确取舍。

最后，老师还可以根据课堂内容，有目的地引导学生去看一些文章。例如，我在讲《赤壁赋》，谈到苏轼的乐观、幽默时，就提到苏轼与苏小妹互相取笑的故事。课堂上，我说：同学们感兴趣的话，可以查查关于苏轼还有哪些趣事。第二天上课，苏轼吃鱼、东坡肘子、苏轼与黄庭坚、苏轼与佛印，甚至"一屁过江来"等雅俗共赏的故事，一股脑儿地涌进了课堂。在谈笑间，同学们对苏轼的旷达、乐观已了然于胸。这样的课堂氛围十分轻松，课程进度也快。这说明，老师的主动引导在学生的主动阅读中发挥了非常重要的作用。

说了读什么，接下来简单谈谈读了以后该怎么办。

"独学则无友，孤陋而寡闻。"读了那么多，需要一个整理的过程，这个时间需要老师专门为学生提供。老师可以在班会课或课程安排中，有意识地空出一些时间，让学生交流阅读心得体会，整理阅读感悟，从而让阅读变成一种对学习、对生活乃至对生命的反思，让阅读真正发挥其功效。

选修课该怎么"选",怎么"修"?

高中语文新课改的一个突出特征是将语文教科书分为必修和选修两类,以增加学生主动选择、确定学习内容的机会。选修课程侧重于文学作品的阅读欣赏,强调语言知识的积累运用,同时注重高尚人格和人文精神的养成。人教版高中语文选修教材一共15本:《中国古代诗歌散文欣赏》《外国诗歌散文欣赏》《中外戏剧名作欣赏》《中国小说欣赏》《外国小说欣赏》《中外传记作品选读》《先秦诸子选读》《语言文字应用》《文章写作与修改》《影视名作欣赏》《中国现代诗歌散文欣赏》《演讲与辩论》《新闻阅读与实践》《中国文化经典研读》《中国民俗文化》。这些选修教材内容丰富,涵盖面广,这就让我们面临学习选修课的第一个问题:选修课该怎么选?

据我了解,就这个问题而言,大多数基层学校是先由老师确定某几门选修课,然后由学校统一安排授课。这样难免会出现老师很卖力而学生不"买单"的现象。老师上课不轻松,学生学习很痛苦,选修课最后草草了事,无疾而终。选修课的内容安排属于专题类型,每一册都专门讲解某一类型的知识,学生学习时间长了,感到乏味也正常。学到最后,选修课就成了学生手中的鸡肋,"食之无味,弃之可惜"。加之选修课之"选"暗示学生,它们不是"必修"内容,学生在心理上就容易不重视。学生心理上不重视、学起来又无趣的知识,其教学效果可想而知。所以我认为,选修课选什么,应该由学生来决定,让学生根据自己的兴趣爱好来选择选修课程。这时,就会有老师问:那么多学生,意见如何做到完全一致?如果所选内容很多,那教学任务怎么完成?

这里就要说说怎么修的问题了。

学生意见不统一时,我们可以遵循少数服从多数的原则,然后结合老师的意见,来确定选修课程。这样我们至少可以保证所选内容是大部分学生感兴趣的。确定几本选修教科书之后,怎么"修"的问题应先由教师来考虑。每本教科书都有很多章节，每一章节都有能突出各章节重点的课文。面对这么多的课文，老师应大胆挑选，选出最有代表性的文章，引导学生学习，其余内容由学生自主学习。在学习过程中，要注重学生的自学，教师只给学生以适当点拨。也就是说，选修课程的学习，应以"自修"为主，讲授为辅。

还有一种教学方法，但这种方法只适合在部分学校实行。这种方法其实是大学通用的办法，即根据各位老师的专长，由学校统一安排固定的老师承担选修教材的教学工作，由学生自主选择喜欢或感兴趣的课程。这就要求学校将选修课安排在自修课时间进行。但是，高中课程毕竟不同于大学课程，因为高考的压力，在进行选修课程教学时，老师应适当布置作业，学校应安排相同或相近的高考知识点的复习与考核。当然，若采取这种方式，则不可以在同一时间开设过多课程。可同时开设两三门课程，以保证教学的有效性，保障学生的自主选择性。这种方法可行与否，很大程度取决于学校的整体安排。即便采取这种办法，学习的主体依然是学生，老师在整个教学过程中只扮演引导者的角色。

这样，选修课之"选"，由学生选"课"，教师选"文"；选修课之"修"，主要由学生"自修"，教师"辅修"。

这时或许会有老师想，这样能赶上课程进度吗？

其实，这个问题是不需要考虑的。因为选修课程设置的初衷就是给学生提供一种资源、一个平台。用编者的话说，就是：你完全不必受此局限，而应尽可能将教科书与社会生活中的语文学习资源整合起来，拓宽视野，在更广泛的范围内学习语文，运用语文，享受语文。这样的话，语文老师在授课时，只需宏观调控进度，而不必过于精细。祝大家在教授和学习选修课时"选"得自由，"修"得快乐！

先秦诸子教给我们什么?

——《先秦诸子选读》教后感

  课程改革之后,高中语文开始有了选修课程。这给了我们的老师和学生更多的选择余地与更大的空间。同学们通过学习选修课本,增长了知识,开阔了眼界。《先秦诸子选读》是最受欢迎的选修教材,节选了《论语》《孟子》《荀子》《老子》《庄子》《墨子》《韩非子》的部分内容,集中体现了诸子百家中具有代表性的流派思想。各家各派的思想各有千秋,给了我们很多启发。这些内容不仅能使我们了解我国古代辉煌灿烂的思想文化,而且其中所蕴含的一些处世哲学也很值得我们学习。它们穿越千年,告诉我们该怎么为人,怎么处世。

  现在的学生与人交往时,往往凭着自己的喜好,遇事多把责任推给别人,很少能主动承担责任和自我反省。孔子、孟子告诉我们,学会自我反省,勇于担当,推己及人,换位思考,我们就学会了做人。

  子曰:"躬自厚而薄责于人,则远怨矣。"孔子要我们严于律己,宽以待人。

  子曰:"己所不欲,勿施于人。""己欲立而立人,己欲达而达人。"孔子告诉我们:自己不想要的,不要强加给别人;自己想要的,先让别人拥有。

  这些思想会给我们的独生子女很大的启发,特别是"90后""00后"学生。

  孟子告诉我们:天下无难处之事,只要两个"如之何";天下无难处之人,只要三个"必自反"。

  孟子曰:"爱人不亲,反其仁;治人不治,反其智;礼人不答,反其敬。行有不得者,皆反求诸己。其身正,而天下归之。"

  如果人人遇事能够多问几个为什么,那么还有什么问题不能迎刃而解?

如果人人能够多反省，多自我检讨，多从自身找原因，那么又能避免多少矛盾的产生，解决多少人际关系中的问题？

孔孟教我们如何做一个合格的人，而老庄教我们如何处世，如何在社会上立足。

老子说："知人者智，自知者明；胜人者有力，自胜者强。"人贵知人，人更贵有自知之明。战胜别人的人是有力的，战胜自己的人才是强大的，人最难战胜的是自己。"天下难事，必作于易；天下大事，必作于细。"难事要从易处入手，大事要从小事做起。

人生在世，难免会遇到一些难事。遇事时，应当记住："兵强则灭，木强则折。强大处下，柔弱处上。"适当地示弱，是一种处世的哲学。柔能克刚，太强大不见得是好事，人应当有些韧性。太强硬的东西，往往容易折断，人也不例外。刚柔并济，才能让我们在这个竞争激烈的社会中立于不败之地。庄子同样重视培养生命的韧性，认为人应当学会在人生的绝境中突围，不断提高自己的人生境界。

孔孟教我们如何做人自处；老庄教我们如何处世；荀子教我们如何与自然相处；墨子教我们如何从狭隘的爱中跳出，为我们营造一个和谐、温馨、舒适的社会人际关系；韩非子则告诉我们该如何治世，如何让国家平稳、人民富足。

在古文教学中，为学生传授文本知识固然重要，但也不可忽视对学生的引导，使他们不断提高思想品德修养，懂得为人处世的道理。特别是高中选修课本里的古文，更是经典中的精华。老师在讲授该部分内容时，应引导学生汲取古代文化的精华，引导学生学会做人，学习如何在社会中立足，如何为自己营造良好的人际关系，从而为学生步入社会打下良好的基础。

谈环境描写的作用

环境描写的对象包括景物、器物、建筑物等，主要包括风景描写、风俗描写和风物描写。在作品中，既可以独立成篇，又可以以句子、片段等形式出现。无论是哪一种形式，环境描写的作用都很大。

风景描写多为游记散文，写作对象是自然风景、日月星云、高山大漠、江河湖泊等，通过介绍一种景致特点来表达一种心情。例如《小石潭记》《醉翁亭记》《满井游记》等写景的记叙文，作者在描绘景物特点的同时，展示了自己当时的心境。也有更深一层的含义，即通过对自然景物的描写，运用象征、烘托等手法来赞美一种精神，例如《白杨礼赞》《雷电颂》等。风景描写注重写作角度、写作顺序，用语精练，修辞贴切，多用对比、烘托等表现手法，使一篇文章在精美的语言文字中表现出景物的灵秀。例如，朱自清的《春》在给我们展示几幅精美图画的同时，也由衷地流露出赞叹之意，能够引出读者发自内心的快感。

风俗描写是紧扣地域特征进行的描写，是以风土人情、社会风貌、生活方式等作为写作对象的。我们的祖国幅员辽阔，不同地域有不同的民俗特点，而这些形式内容丰富多样的地域特色又共同绘就了祖国辉煌灿烂的文化画卷。这类文章注重描写风俗习惯，会适当加入一些方言，让人读来如临实境。雪域深情，草原炊烟，黄土高原一声高亢的信天游，江南水乡的一曲悠扬小调，无不展现出地域特色。例如《安塞腰鼓》《端午节的鸭蛋》等文章，运用淳朴、地道的方言，痛快淋漓地展现出作者对故乡的热爱。风俗描写是为了展现社会风貌，表现特定的民俗文化，提供一部分必要的社会环境以塑造人物。

风物描写是对工艺品、建筑物等的描绘。优美的景致是大自然精心雕琢的艺术品，而精致的工艺品、精美的建筑物是人精心雕琢的艺术品。以物作景来描绘，是为了赞美人类的智慧。工艺品、建筑物在作者眼里，成了一件件精美的艺术品，字里行间流动着的是对设计者、建造者的赞美和感叹。

文学作品注重人物描写，通过对人物外貌、语言、动作、心理的描写，来展现人物的个性特征。但在人物的刻画中，对人物活动特定场所的描写是必不可少的一部分。这些描写可起到暗示人物命运、交代人物出场背景、刻画人物心境与性格的作用。这一类环境描写在文章中所占篇幅较少，也许是一两个段落，也许是一两句话，语言虽少，作用却非同小可。

大的环境描写是社会环境描写，预示着人物的命运。例如《孔乙己》中咸亨酒店的特殊布局，早已预示着孔乙己的悲惨命运。再如《故乡》开篇的几句景物描写，反映了当时农村萧条、荒败的境况，暗示着闰土的生活状况和命运。

文章中的环境描写，还有暗示作者心境的作用。人物的心情不同，看到的景物也不同；也可以是不同的景物，影响着人物的心情。例如在《我的叔叔于勒》一文中，"我们"一家出去旅游时，"离开栈桥，在一片平静的好似绿色大理石桌面的海上驶向远处"，这句景物描写体现了人物愉快的心情。在归途中，"在我们面前，天边远处仿佛有一片紫色的阴影从海里钻出来"，此句表现出人物的失望伤心之意。

景物描写是围绕人物而不是针对人物的描写，在文学作品中起刻画人物性格的作用。例如，《邓稼先》《伟大的悲剧》中的环境描写起到了刻画邓稼先、斯科特等人物的作用，展现了人物无畏、英勇、坚强的品质；而《在烈日和暴雨下》对大暴雨的描写反映了祥子出车的无奈。

总之，环境描写在文学作品中具有重要作用。一方面，环境描写可展现写作者感情之细腻、知识之丰富、写作技巧之高超；另一方面，环境描写能够展现社会风貌、人文景观，可以表现人物的个性和情感。可以说，环境描写的小文章、小句段中藏着大世界。

浅析"最简思维"在诗歌鉴赏中的运用

曾有人说,把一个问题在两小时内讲清楚的人往往是刚毕业的本科生,在一个小时内讲清楚的人是讲师,十分钟内解决的人是教授。一些人认为,只有知识渊博的人才有讲两个小时的功力,讲得多了,大概问题就能分析透彻、解决彻底,其实不然。能将复杂问题简单化,高屋建瓴地分析、解决问题的人才是高手,教授的高明之处就在这里。分析问题的目的不是为了证明谁的知识更渊博,而是谁能更快更好地解决问题。在高考语文答题过程中,这种简单的思维方式也很实用。

高考试题千变万化,但不论它怎么变化,也无外乎让我们回答三个问题:是什么、为什么、怎么样。

在这里,我们以诗歌鉴赏题为例,来分析一下这种思维方式的运用。

高考诗歌鉴赏的总分值为 9~11 分,很多同学的得分徘徊于 3~5 分。究其原因不难发现,有很大一部分同学不是读不懂诗歌,而是不知道答什么、怎么答。其问题的症结在于不会审题,搞不明白人家问什么,自然是乱答一通,得分不高。

其实,我们可以将高考问题分为是什么、为什么、怎么样三类。根据现在的比例,基础问题更多一些,而高难度问题很少。就这三个问题而言,"是什么""为什么"的问题多一些,而"怎么样"的问题相对较少。这样的话,考生至少可以在心理上找到平衡点:我们面对的考题,60%是最基础的问题,30%是稍做思考就可以解决的问题,只有10%的问题需要我们在答题时注意。我们就以 2013 年全国卷 I 的试题为例,分析一下该如何具体运用这种思维方式。

鹊桥仙 [宋]陆游

华灯纵博,雕鞍驰射,谁记当年豪举①?酒徒一一取封侯,独去作江边渔父。

轻舟八尺，低篷三扇，占断苹洲烟雨②。镜湖③元自属闲人，又何必君恩赐与！

注：①这三句是追忆当年军中的生活。博，古代的一种棋戏。②占断：占尽。苹洲烟雨：指长满苹草、烟雨空蒙的风光。③镜湖：鉴湖，在今浙江绍兴。唐天宝初，贺知章请求回家乡会稽当道士，玄宗诏赐他镜湖一角。

1. 上阕最后两句是什么意思？它表达了作者什么样的情感？
2. 词的结尾借用了贺知章的故事，这有什么用意？请简要分析。

现在，让我们来分析一下这两道题。第一题的两个问题都可以用"是什么"来概括，也就是上阕的最后两句写的是什么，表达了什么情感；第二题可以用"为什么"来概括，换句话说，此题就是在问为什么作者要引用贺知章的故事。只要我们审清楚题，答题也就不难了。从参考答案中也可以看出这样的思维轨迹。诗歌鉴赏的答题思路永远是先疏通，后总结。第一题疏通：那些整天酣饮的酒徒一个个封侯拜将，而自己只能做一个闲散的江边渔翁。总结：表达了对自己壮志未酬而只能隐居的无奈和牢骚。第二题疏通：皇帝既置我于闲散，镜湖风月原本就属于闲散之人，又何必让皇帝来恩赐呢？再说，天地之大，何处容不下我一个闲散之人，谁稀罕你皇帝的恩赐？总结：用来含蓄地表达对统治者的不屑和愤慨之情。

这两道题只涉及"是什么""为什么"这两种类型。我们继续来看2019年天津市高考试题。

通泉驿南去通泉县十五里山水作① ［唐］杜甫

溪行衣自湿，亭午气始散。冬温蚊蚋在，人远凫鸭乱。
登顿生曾阴，敧倾出高岸。驿楼衰柳侧，县郭轻烟畔。
一川何绮丽，尽目穷壮观。山色远寂寞，江光夕滋漫。
伤时愧孔父②，去国同王粲③。我生苦飘零，所历有嗟叹。

注：①此诗作于公元762年。通泉县在今四川境内。②孔父

即孔子。③王粲，东汉末年诗人，曾为躲避战乱离开长安，往荆州依附刘表。

1. "山色远寂寞，江光夕滋漫"描绘了一幅怎样的画面？
2. 请指出全诗表达了诗人哪些情感。

我们现在来分析一下问题。这两个问题都可以用"是什么"来概括，也就是写的是什么，表达了什么情感。答题时抓住"山色""江光"两个意象，根据"远""寂寞""夕"等关键词，点明山色因辽远而苍茫寂寥、江水因夕阳而溢满金辉的特点，可据此概括画面的整体特点：辽阔壮美。由诗歌中出现的"寂寞""苦飘零"可以看出漂泊异乡的孤独寂寞；由"伤时"可以看出对国家命运的担忧；由"愧孔父"和王粲的典故，可以看出生不逢时的苦闷；再结合诗人的生活经历，很容易给出正确答案。

我们再分析一下 2013 年福建省高考试题。

送何遁山人归蜀 ［宋］梅尧臣

春风入树绿，童稚望柴扉。远壑杜鹃①响，前山蜀客归。
到家逢社燕，下马浣征衣。终日自临水，应知已息机②。

——选自《宋诗精华录》

注：①杜鹃：又名子规。②息机：摆脱琐事杂务，停止世俗活动。

请简要分析首句中"绿"字的妙处。

我们现在来分析一下问题。此题暗含三个信息，我们要回答"绿"字在文中的含义，有什么特点，这样用的效果或好处是什么，这样就能回答该字的妙处是什么。不妨再来分析一下参考答案："绿"字写出春风吹绿林木的动态（回答"是什么"），表现了春风的活力，显示了春天的生机，增强了诗的韵味（回答"怎么样"）。在试题中，如果某字运用了修辞手法，我们自然就应提到这一点。如 2013 年辽宁卷诗歌鉴赏第一题"本诗第二联描写精妙，请简要分析"，在答题时应指出其修辞手法。参考答案："叶声轻逐篆烟来"，竹梢影姿婆婆，经由茶盏，细细被引入轩内（先疏通），运用比拟手法（再分析），形象地写出叶声与烟缕升起相伴的动态美（最后总结）。

　　通过分析高考试题，我们会发现考技巧手法的试题非常少，即使有，也已经告诉了我们这种手法是什么，我们只需分析为什么就可以。出这种考题的只有少数几个省份。例如，天津卷曾问到"请举一例分析本词虚实相生的艺术手法"，四川卷出现过"'佳节久从愁里过，壮心偶傍醉中来'在对比手法的运用上有何妙处？请简要赏析"。对于这些问题，我们只要结合原文，简单分析"是什么"就可以了。

　　克服畏难心理，简化问题，先把问题归为"是什么""为什么""怎么样"的一类或几类结合，然后组织语言，做出清晰、有指向性的回答。以最简单的思维方式来答题，说不定会收到意想不到的效果。这种办法怎么样？你也不妨试一试。

陶行知教育思想启示录

也谈"学而不厌，诲人不倦"

一直觉得"学而不厌"是学生的事，"诲人不倦"才是教师的事。读了陶行知先生的《学生的精神》，惊觉"学而不厌，诲人不倦"都与教师有关。

陶行知先生认为，只有"学而不厌"才能做到"诲人不倦"。他举例说："自己全不加以研究，只照着别人编的书本、自己抄的老笔记，依样画葫芦地教去，当学生的固然不能受多大的益，当教师的也觉得不胜其烦……倘若当教师的，自己天天去研究，有所得的，即随时输之于学生，如此则学生受益较多，即当教师者也觉得有无穷的乐趣。"

这样看来，教师的学习，特别是研究性学习尤为重要，需要"学而不厌"。切不可如陶行知先生所说的"在过教员生活的，觉得自己处在教师地位，不必再去用功研究了"。

首先，"学而不厌"是"诲人不倦"的前提。教师只有坚持学习，终身学习，才能跟得上知识的更新和时代的发展。学生是发展、变化的学生，教师不能刻舟求剑，以一成不变的知识反复去教不同的学生。这样的教学，最先感到无趣的肯定是教师本人。因为学生一年两年，久则三年会换，而教师却要重复很多遍相同的内容，这岂不是非常枯燥乏味？

其次，学生的变化十分迅速。随着时代的发展，学生接受知识、学习技能的方式手段也在不断地变化，而教师还以陈旧的方法来传授知识，如何能让学生乐学？由此看来，教师只有"学而不厌"，才可能成为一个自己享受教育乐趣、让学生享受学习乐趣的人。

最后，想要有好学的学生，就一定要有好学的教师。只有"学而不厌"的教师，才能教出"学而不厌"的学生，师生相互影响，才会有"学而不厌"的学习氛围。子曰："生而知之者上也，学而知之者次也；困而学之又其次也。困而不学，民斯为下矣。"在生活和学习中，很少能见到"生而知之者"，大多是"学而知之者"。自觉主动学习的人为上；被同伴熏陶而学习的次之；让别人督促甚至逼迫学习的更次；至于那些逼迫也不学的，就只能"斯为下矣"，任何人都"无能为也已"。好的学习氛围对于学生习惯的养成和学习积极性的调动十分重要，而作为学习的引领者和示范者，好读书的教师在学生的教育过程中扮演了非常重要的角色。"蓬生麻中，不扶自直；白沙在涅，与之俱黑。"做一名好学的教师，为学生营造一个好的读书环境，让学生在教师的熏陶下自觉学习。

教师除了要有"学而不厌"的学习精神与品质，还要有"诲人不倦"的教学态度。"不倦"既指教育学生时应循循善诱，有耐心，又指教育者应坚持不懈，孜孜以求。这是一种伟大的敬业精神。要做到循循善诱，首先需要教师具备丰富的专业知识，并将其内化为立体的知识体系。只有自己全方位把握知识，才能找到"善诱"的思想和切入点。其次，循循善诱需要教师有足够的耐性、坚持不懈的品质和无私的奉献精神。人人可"好为人师"，但能长期"为人好师"却不是一件容易的事情。以教书育人为事业而非工作，享受"诲人"所带来的乐趣，这需要一往无前、不计报酬的奉献精神。只有这两点都做到，才可能达到"诲人不倦"的境界。锲而不舍的精神和乐于教学、享受教育的思想，是"诲人不倦"的前提。

坚持学习，学而不厌；享受教育，诲人不倦。

关于小学生阅读篇目的一点思考

"四大名著进校园"早已不算什么新闻。自家的孩子小时候也被老师要求读四大名著，他们只是稀里糊涂地读了一遍。今年寒假，闲来无事，我再次拿出四大名著，又一次想起儿子小时候曾说过的话：四大名著我不喜欢，什么都读不懂。再读原著，我发现，部分内容我这个高中语文老师理解起来都有难度，更何况小朋友？当我读到《陶行知的教育名篇》一书中的《儿童用书选择标准》时，突然觉得：我们大人是不是错了？把四大名著放在小学阶段去读，合适吗？

陶行知先生在文中指出,一本书的好坏可拿以下三个标准来判断:第一,"我们要看这本书有没有引导人动作的力量,有没有引导人干了一个动作又干一个动作的力量";第二,"我们要看这本书有没有引导人思想的力量,有没有引导人想了又想的力量";第三,"我们要看这本书有没有引导人产生新价值的力量,有没有引导人产生新益求新的新价值的力量"。

我觉得这三点可以概括为:这本书能否给你动力,能否给你启发,能否给你创新思维。倘若按照这个标准,对小学生而言,四大名著是否具备好书的特征呢?

首先,简版的名著根本算不上名著。读名著应当是读原著才好,至少书中应保留原作百分之七八十的内容,这样我们才能看到原作的大致面貌。小学低段学生看的名著大多是概括性较强的拼音版,而小学高段学生读的大多是精简版。这些版本的内容与原著相去甚远,不单是"挂一漏万"的问题。压缩、精简之后的名著究竟算不算名著?能对小学生产生怎样的影响?孩子们的第一反应是:一丁点儿意思都没有。那如果给他们读原著就好了吗?文白相间的四大名著,成年人看着都费劲,更何况小学生?当他们连文字都读不懂的时候,我们还能奢望他们喜欢读吗?

其次,四大名著的内容也不适合小学生阅读。读四大名著,首先要有一定的文字功底。四大名著的语言文白相间,有大量生字生词,还有一些方言口语,佶屈聱牙。没有一定的语言功底和文学修养,根本看不懂。其次需要一定的是非辨识能力。客观地讲,四大名著中的确不乏励志、向上的故事,但并不是所有孩子都能从积极面看。倘若他们从四大名著中看到了阴险、狡诈、伪善、多变怎么办?对于是非观尚不明确的小学生,我们该如何教他们辨别甄选呢?

最后,小学生阅历太浅,理解四大名著时会感到困难。能够激发学生阅读兴趣的书才是好书。而对小学生而言,四大名著不但难以激发他们的阅读兴趣,反而会扼杀他们的兴趣。小学生的人生阅历太浅,如果强制让他们读,反倒会让他们对四大名著敬而远之。看过的"快餐"式名著养分本就寥寥,现在他们又对原著失去了兴趣,束之高阁或弃之不顾,能有什么阅读效果呢?保护孩子的阅读欲望和阅读兴趣,或许才是给他们最好的阅读礼物。

那四大名著就干脆不进小学校园吗？也不是。我们可以挑选一些经典的、相对通俗的片段，引导孩子们去读；也可以让影视剧先进入孩子们的视野，等他们的年龄和见识增长后，再分阶段让他们阅读名著原作；也可以针对不同学生的情况，因材施教，但切不可让四大名著强行入校园。

倘若定要让孩子们接触经典，阅读名著，读小人书的方式是个不错的选择。小人书图多文少，从文字方面看，浅显而通俗，画面突出，可让孩子们知其梗概；但若作为精读选本，还是不合适的。以陶行知先生的标准来判断小学生读的这些四大名著，也断然算不上"好"书。

经典永远是经典，自有其存在的价值和意义，且这种价值和意义无法被取代，也无法被超越。但一定要让它们出现在合适的时间、合适的地点，给合适的人来看，否则便会适得其反，事倍功半。

也谈"创造的教育"

学校有学生谈恋爱，屡禁不止。我觉得一味禁止不妥，可又找不到理论依据。学校举办"艾滋病宣传进校园"活动，我知道这种做法是正确的，但很多学生不以为然，我竟也找不到说服他们的理论依据。今日读陶行知先生的《创造教育》，我醍醐灌顶，恍然大悟，原来生活的教育都可以称为"创造的教育"。

"创造的教育是以生活为教育，就是生活中才可求到教育。教育是从生活中得来的，虽然书也是求知之一种工具，但生活中随处是工具，都有教育。"这就是生活的教育。例如，恋爱、吃饭是生活问题，都可以请进学校来！"我们的教育非但要教，并且要学要做。"这种创造的教育、生活的教育，让教育直指生活问题，让学生读活书、会生活，而不是让他们读死书、死读书，后来只能成为"两脚的书柜"。

恋爱教育应该进课堂。不管你乐不乐意，恋爱都如春来萌生的小草，在角落里慢慢生长。倘若你不想让它疯狂蔓延成野草，就应该教给学生正确的婚恋观，让他们能够正视情感问题，而且有能力去处理这一问题，或者学着处理这一问题，而不是粗暴地制止。比起高中生早恋，那些已经三十多岁、情窦不开的高学历男女更让人觉得心痛，没有任何情感经历的他们错过了学习恋爱的最佳时期。早熟的苹果与晚熟的苹果虽都不可取，但早熟的尽管酸涩，至少可食用；而晚熟的很可能等不到成熟而坠落，更加可惜。

　　同时，生存教育也应该进入课堂。学习不单是学习书本里的知识，也应学一点基本的生存技能。虽然在生活中不知道吃鸡蛋要剥皮的学生并不多见，但"十指不沾阳春水"，除了泡面其他饭都不会做的学生大有人在。学习是为了生活，我们并不是希望学生都成为厨子，成为美发师，那些专业技能更适合职业教育；但我们应该教会学生最基本、最简单的日常生活技能，让他们在长大成人、踏入社会之时，可以从容淡定、不慌不忙地独自面对生活。

　　或许陶行知先生想说的"创造的教育"不止于此，但在现实教学过程中，我觉得"创造的教育"首先应是生存的教育、生活的教育。

学会夸学生

赞美是世界通用语言。马克·吐温曾经说："一句好的赞美能当我十天的口粮。"我们每天让新鲜的赞美淌入他人的生活中，彼此的生活积极性就会提高。

对语文教师来说，语言交流与表达既是教学的重要组成部分，又是"言传身教"的重要组成部分。如何让学生学习语文时能"好之"并"乐之"呢？适当夸奖学生，拉近师生之间的距离，搞好师生关系，增进师生情感，创造师生之间和睦相处的氛围，是必不可少的。那么，我们该如何夸学生呢？

首先，态度要诚恳。夸赞是发自内心的肯定与表扬，而不是口头的敷衍了事，坦诚、真诚是待人之道，更是表扬、夸赞的前提。发自内心的真心赞美，才会对人起作用。夸赞不是虚情假意，更不是阿谀奉承与捧杀。"良言一句三冬暖，恶语伤人六月寒""精诚所至，金石为开"，莎士比亚也说"一颗好心抵得过黄金"。只有坦诚、真诚地对待学生，学生才可能信任老师。只有"尊其师"才能"信其道"，学生信任老师，老师说的话才会起作用，才具有影响力。真诚地赞美和肯定学生，有助于保护学生的自尊心，增强学生的自信心，拉近师生关系，为学习创造和谐的环境和氛围。

其次，应多注意观察学生的生活，全面了解学生，发掘学生的长处，了解学生的优点，进而能分场合、有目的地夸赞学生。

赞美的话应该切合实际。一定要看清对象，根据对象来确定恰当的赞美方式。有的同学性格豪爽，有的同学性格内敛，且各人的爱好、风格相去甚远。有个2008届的女孩子是个"假小子"，平时做事大大咧咧，同学们拿她开涮，说她看上了邻班的某位帅哥。我看她一副需要有人帮她解围的着急模样，便顺口一说："我们今天恭喜刘同学，她终于搞对了自己的性别，终于有想把兄弟变偶像的想法，值得表扬。"同学们一阵鼓掌，她也咧

嘴一乐。我接着说:"可帅哥帅,不单是咱看着帅气,别人看着也一样啊。我们要继续努力,不然怎么和别人去竞争?"她居然莞尔一笑。看来这姑娘果然动心了。

同样的问题,对于2015届的白同学就得换一种方式。白同学文静内秀,言语极少,爱慕她的男同学应该不在少数。成长的烦恼或许与颜值成正比,长得好看的同学,学习自然会受到些影响。夸奖她是为了适当提醒与鼓励,所以不宜在其他同学面前夸,而宜单独"访谈"。先表扬、肯定她极佳的人缘,再提醒她,只有有趣的灵魂才会有长久的吸引力。

最后,夸奖学生需要综合运用多种方式,而不是仅限于口头表扬一种方式。可以通过写作文评语、传小字条、送小礼物等多种方式来进行,也可以通过一个眼神、一个动作——摸摸头或轻轻拍一下肩膀,对学生表示肯定和鼓励。同学们的作业经常会成为我表扬他们的"阵地"。作业里经常会有同学们深邃的思想、严谨的逻辑、张扬的个性、逸兴遄飞的语言,因此他们会从我这里得到"有才""哲学家""逸兴"等绰号。同学们也欣然自得。贴彩贴也是一种不错的方式。彩贴中有夸张的表情和搞笑的内容,不仅能起到夸赞学生的作用,更能拉近师生之间的距离,有利于交流与沟通。

说好话是一门技术,更是一门艺术。《红楼梦》中王熙凤表扬林黛玉时说的话,不仅夸赞了林妹妹,还表扬了在场所有的人,让大家打心眼里感到舒服。她道:"天下真有这样标致的人物,我今儿才算见了!况且这通身的气派,竟不像老祖宗的外孙女儿,竟是个嫡亲的孙女,怨不得老祖宗天天口头心头一时不忘。"我们来分析一下这段话用到的表扬技巧。王熙凤先表扬了林黛玉,说林黛玉是天下最标致的人物,其实就是在夸林黛玉的母亲生了个好女儿,进而表达老祖宗生了个好女儿之意,因为林黛玉是老祖宗的外孙女。她不仅表扬活人,还把去世的人夸了一通。可现场还有老祖宗的其他几个孙女,难道这些孙女就不好了吗?她接着说:"况且这通身的气派,竟不像老祖宗的外孙女儿,竟是个嫡亲的孙女。"由此句可见,嫡亲的孙女"通身的气派"是与众不同的,孙女是好的,生她们的母亲自然也是好的,这嫡亲的孙女和外孙女都长得标致,那老祖母自然是好的。在这里，王熙凤八面玲珑地表扬了在场的、不在场的、活着的、死去的、年老的、年少的，凡是和老祖宗沾上边的人，她都夸到、照顾到了。这段话淋漓尽致地体现了说话的艺术。懂得看场合，了解他人的特点和人际关系，投其所好，这种说话的艺术需要我们学习掌握并灵活应用。

卡耐基说过："我们滋养我们的子女、朋友和员工的身体，却很少滋养他们的自尊心；我们供给他们牛肉和洋芋，培养精力，但我们却忘了给他们可以在记忆中回想好多年的像晨星之音一样的赞美。"让夸奖和鼓励成为一种行为习惯，给学生以及时的肯定和鼓励，从而使其对学生的学习和生活起到真正的作用，让他们成为积极向上、阳光乐观的人，实现教书育人的最终目标。

爱与我共同成长

——做优秀的老师才能赢得学生的心

爱是我们在社会上生存所必须具备的一种能力，学会爱也是我们每个人的必修课程。作为老师，我们要爱学生，更要学会怎样去爱学生。

孩提时代，最害怕的就是老师手里的教棍，总是担心一不留神，那根不粗却打在手上很疼的棍子会落在自己身上。老师总是说那是爱我们，可说实话，我只能感到对他们的畏惧，从没有觉得他们是爱我们的。

后来稍大一些，虽然挨打的次数少了，可是仍然害怕老师严肃的面孔，除了敬畏，就是"远之"。"畏而远之"是我对老师最主要的情感和态度。即使后来上了大学，我对老师也仍怀着这种感情。后来，我自己也成了一名老师。

1999 年，大学毕业后，我被分配到一所乡村中学，成了一名普通的教师。第一次站在讲台上，我看到了和我小时候一样的眼神：除了对知识的渴望，学生眼里就只有对老师的畏惧。于是，我也像我的老师一样，成了一名很有威严的老师。

我几乎不在课堂上微笑，因为听其他老师说，学生有时会欺负和善的女老师，所以我的课堂气氛很严肃，孩子们也很少主动回答问题。下课之后，也只有极少数同学会过来怯生生地问我问题。我从不和他们交流，因为我认为那样做有损我的威严，会让他们因不再害怕而胡作非为。我兢兢业业地工作，觉得自己很称职，甚至有些自满。于是，我学会了打学生。我和我的老师一样，觉得"打是亲，骂是爱"，我是爱他们，是为他们好。而且我还认为，与其他老师相比，我下手也不算狠，所以也不必因打学生而自责。直到有一件事彻底改变了我的看法，也改变了我自己。

那是参加工作第一年下学期的期中考试，学生成绩出来之后，我在班上大发雷霆。因为学生的成绩远没有我期望的高，和上半年一模一样，没有半点进步；而我觉得自己那么辛苦、努力，却没有一丁点儿收获。于是，大骂学生之后，我叫班长站起来，问他为什么成绩这么差。班长回答得不卑不亢："老师，我们在很努力地学，可您讲的东西太多，什么都要记，没有重点，我们根本不知道该记什么。""你的意思是我上课有问题吗？你到讲台前来！"我怒不可遏。班长个子很高，我想打他，但又觉得自己实在没什么优势，于是把他叫到讲台前，这样我可以借助讲台高出他半头。他果真上前，我扬起手，狠狠地扇了他一个耳光。他倔强、含泪的眼睛告诉我，他不服气，他有怨气。当时我也觉得自己有些理亏，可又觉得谁让我是老师，他是学生。我觉得我要维护自己的尊严，再说我也是为了他们好。虽然还是觉得下手狠了些，可经这么一顿自我宽慰，也就不感到愧疚了。

下午回家，我把这一天的事情说给父亲听，而且添油加醋地显示出我有多么厉害，学生是多么不争气。可没想到，自己的一番"炫耀"（或"诉苦"），居然招来了父亲的一顿臭骂。

父亲曾经代理过乡村学校的校长，并在乡镇工作时主管教育，在教育方面也算得上内行。在我的记忆里，他从来没有发过脾气，永远是那么温和。可那一天，他却训得我无地自容。

他说：学生为什么尊重你？那是因为他们尊重知识，尊重老师的人格，只有没有知识的老师才会被学生瞧不起，也只有没有本事的老师才打学生——这是我最不愿意听到的，因为我的工作曾得到了校领导的高度赞扬。

他又说：学生是最有资格评价你成绩的人。打个比方，你是卖货的人，学生是真正买货用货的人，东西好不好，只有他们最清楚——我从来没听过这种道理。在我看来，老师的工作就是授课，学生的任务就是听课——他们哪有资格来评价我的工作？

父亲还说：永远要反省，看看自己的工作有什么不足，学生的成绩不好，应该多从自身找原因，不要把责任都推到学生身上。

他们不学，和我有什么关系？我边哭，心里边暗想。可又觉得他的话不无道理。

手里端着一碗饭，一口也吃不下。直到母亲出面制止了父亲，我才拗不过母亲，咽下了那一碗饭，同时也咽下了一肚子的委屈和怨气。

晚上，我回到学校，一个人静下心来反思。想到平时孩子们对我的畏惧，想到课堂上死一般的寂静，想到孩子们为学好语文而翻破的课本，想到班长的委屈……我觉得自己真的错了。可是让我在学生面前承认自己的错误，那太没有面子了。后来事情草草结束，再没有人提起此事，我也没有向班长道歉。自那以后到现在这么多年，我再也没有骂过学生，更没有打过学生。在一次次的反省和总结中，我学会了如何爱学生，如何完善自己，渐渐成长为一名合格的老师。

在知识方面，我不断提高自己，利用一切可以利用的时间来补充知识；不断更新知识体系，以适应社会的发展，适应教育的发展，适应新的教学改革的要求，让自己在知识方面成为学生的表率，成为他们学习的榜样。

在教学方面，首先，我努力吃透教材，充实课堂内容，突出教学重点，让学生从繁重、单调、重复的脑力劳动中解放出来，真正提高能力。其次，突出语文学科教学的趣味性，让学生在愉悦的氛围中快乐地学习知识，真正实现"乐学"，从而使学生提高学习效率。最后，丰富课堂形式，将专题讲座、语言交流、知识竞赛等穿插在常规教学中，从多个角度、多种渠道来拓宽学生的视野，激发其学习兴趣。

在师生关系方面，尊重学生的人格，做到师生地位真正平等，让学生能够"亲其师，信其道"，真正热爱老师，热爱学习。同时以身作则，用人格魅力来感染学生，实现教育的最终目的。

我的改变得到了学生的认可，获得了绝大多数学生的尊重，也得到了学校和上级领导部门的肯定，多次获表扬与奖励。多年后，我仍会时不时想起那位班长，想起他那充满委屈与不满的眼神，也真的很想向他道歉，告诉他"老师错了"。真的感谢他，是他，改变了我的一生，让我学会了爱学生，学会了与学生共同成长。

改变爱的方式，我们会有意想不到的收获。学会爱，懂得爱，让自己在教学路上走得幸福而快乐，也坚信这条路我会走得更远……

串 行

——读《钱梦龙与导读艺术》有感

假期有幸读到北京师范大学出版社的《钱梦龙与导读艺术》，深有感触——我居然与一代语文大师钱梦龙在经历与教育观念方面有些许相似之处。

钱先生在书中"人生篇"说自己"没有文凭的'学历'"，这一点我与他相似。钱先生说，他只读过半年高中，后来因为种种原因而辍学，所以他觉得在"家学"方面，自己没有半点可以炫耀的资本。我在"家学"方面也毫无资本，并一直以此作为自己学业中的一个遗憾。曾有同事问我：您是哪一届中文系毕业的？我只能弱弱地告诉他我是哪一届的历史系毕业生。其实，作为历史系毕业的语文老师，这并不是我的本意，而是命运使然。

我本该是历史老师，却无意闯入语文的天地，欣赏到另外一番美景。

钱先生虽然谦虚地说他只读过半年高中，可是那时的高中足以抵得上现在的大学。而我的的确确只是专科毕业，而且是历史系，后来成了语文老师。

我总觉得一个人能做什么和想做什么并不是一回事。我大学一毕业就被分配到乡村中学。作为少有的被分配到农村的大学生，在我发现学校指派我去当语文老师之时，我找了领导。领导告诉我：学校一共就分回来几个人，主课老师大量短缺，怎么能让你去带历史课？就这样，我稀里糊涂地被命运推入了语文课堂。

上第一节语文课时，我站在讲台上，心里没有一点底。虽然前一天晚上我整整准备了三个小时，但因为我是第一次为同学们讲语文，所以心里还是直打鼓，怀疑自己究竟会不会上语文课，能不能成为一名语文老师，成为一名合格的语文老师。就这样，过了一个月，局里的教研员下来听课。听完一节课后，他留下了一句话：这是一位好语文老师。

作为一名历史系学生，我为了上好语文课，使劲地听课，使劲地备课。当别人的教案只有三本的时候，我已经写了厚厚的六本；当别人只听了五节课的时候，我已经听了五十多节课。就这样在摸爬滚打中，我慢慢成了一名合格的语文老师。

"文史不分家"的说法早已有之。从专业知识的角度来讲，中文系与历史系的主要科目虽有交叉，但它们在教学中毕竟是两个不同的体系。所以在上课之余，我开始努力自学中文系的主要知识，补全专业知识方面的短板。这样，在参加工作一年之后，我以高分专升本，顺利进入中文系本科学习阶段。

尽管不是所有的努力都会有回报，但所有的努力都应该得到回报。

钱先生说，他之所以能成为一名优秀的语文老师，得益于两件事：第一件事是幸运地遇到了一位令他终生难忘的好老师，第二件事是一位评弹艺人引起了他对古诗文的兴趣。而我之所以能成为一名语文老师，第一是命运使然，第二是父亲的教导，是他告诉我要干一行爱一行。在这之后，虽然有很多次转出教育系统、离开讲台的机会，但因为热爱，我坚持了下来。

当然，想要做成或做好一件事情，光有热爱肯定是不行的，还要付出极大努力。我记得一位老师曾当着我的面告诉我：你无论如何努力，都达不到中文系毕业生的专业水平。大概是这一句话刺激了要强的我，于是我暗暗较劲。后来在所有业务考试中，我并不比中文系毕业的老师考得差。大概也正是因为我不是中文系毕业的，所以在分析、讲解文章的过程中，我形成了自己独特的方法、思路和认识；而这种方法、思路和认识，恰恰符合学生的思维过程，让学生与我的思想有了亲近感，继而产生共鸣，反而成就了我们师生。

这一点我在钱先生的书中也找到了依据。他在"人生篇"中提到，他发明了一种有效的学习方法，就是在老师开始讲课之前，先自己消化课文，到听课时就边听边把自己的理解与老师的讲解互相印证、对比，仔细揣摩老师讲解文章的思路和方法。而这种方法正是我所用的。

因为不是中文系毕业，所以每一次在讲课之前，我都要先立足于课本进行学习，理清思路，揣摩方法。当这一切都完成之后，我才翻出教学参考，看一看上面是怎样分析解答的。而恰恰是这样的学习方法，让我与学生的思维极其相似。我出错的地方，学生往往也会出错；学生出错的地方，我也很容易知道他们为什么出错。就在这种先自学、再利用资料补充、最后与学生共同学习的过程中，我慢慢成长为一名让学生满意的老师。

不仅仅是上课，平时读文章的时候，我也是这样的。我利用自己学习的方法来指导学生学习，收到了很好的效果。

钱先生说："教学只要真正得之于心，而不是仅仅求之于书，就能教出自己的个性和风格，走出自己的路来。"

我也在不懈摸索着，希望教出自己的个性和风格，走出自己的路。

分析课文，我从不拘泥于参考资料；课堂讲课，我从不拘束于教学形式；日常管理，我从不局限于某个模式。我可以在各种方法与技巧之间自由切换，我可以在各种风格与模式之中自由选择。

所有的文章都有它的个性、它的脾气，而我也成了一位自我感觉有点个性的老师。有了这种个性，我更加受到学生的尊敬与爱戴；正是这种尊敬与爱戴，让我拥有极强的职业幸福感；也正是这样的幸福感，让我多年舍不得离开讲台。

钱先生在第一章中说道，人生的际遇、穷途实在无法预知，有的时候似乎已走到了路的尽头，却很可能在一夜之间出现令人做梦都想不到的戏剧性变化，眼前出现一片新天地。

是啊，我的人生也在2002年发生了令人惊喜的变化。那一年，我在县级赛教活动中获得了文科第一名，教师业务水平考试获得了第一名，家里也添了新成员。由于这一年的变化，我开始思考给儿子一个全新的环境。2003年工作调动，我在高中毕业后的第八年回到了母校——靖边中学，同时也面临着新的挑战。

经过几年的学习，做一名初中语文老师，我还是有一点点把握的。可是到这里之后，我需要迅速成长为一名合格的高中语文老师。这让我又一次对未来充满了疑虑：我能胜任吗？

事实证明，一名好老师应该是从学生转化而来的，想当好老师，首先要试着去做一个好学生，只要努力去做，就会有所改变。

虽然此时我已经拿到中文系的本科毕业证书，但我依然不能确定自己能不能胜任，能不能成为孩子们喜欢的老师。

在上大学的时候，我读了大量的书，那些书多是些历史学方面的书籍。虽然我也从小喜欢读小说，但那些只是用来娱乐，而不是学习或研究，读书的目的大不相同。到了靖边中学之后，我再一次开启了疯狂阅读模式。这种阅读是站在一个中文系学生的角度、以一名老师的身份、以一种引导学生爱上读书的思维来读的。读书的方式、目的均不相同，读书的感悟和效果也有不小的变化。

在来到靖边中学之前，我所写的教学类论文大多以古诗文教学为主，因为那是我的长项。历史系学生的古汉语基础打得非常扎实，所以在教古汉语时自然会有很多感悟。但其他类型的文章，我就不敢"造次"了，所以也没有总结太多经验。开始教高中语文之后，随着知识的积累和沉淀，感悟也越来越多，也就会写一些小文章、小论文，并参加各级、各类论文评选，时不时也会很幸运地有论文获奖。对学生和教学的热爱，让我沉醉其中，不舍离去。

钱先生有一句话要送给全体教师："教师者，不失其赤子之心者也。"他还说："对自己挚爱的事业，要以恋人般的痴情，信徒般的虔诚，革命志士般百折不挠的意志，一以贯之、无怨无悔地紧追不舍。我这个人，要学历没学历，要资格没资格，要智慧没智慧，我靠的是什么？靠的就是这份对事业的执着，这份如痴如醉全身心的投入！"

我对此深有体会。我除了赤子之心，一无所有，不靠对事业的执着，不如痴如醉地全身心投入，我凭什么受到学生的尊敬？

当然，只有全身心的投入还不足以撑起课堂，一些方法和技巧也必不可少。如何"巧"教语文，我也一直在思考。

《钱梦龙与导读艺术》的"导读篇"中提到，"导读"呼唤"导师"。钱先生说，他每一次走上讲台面对学生的时候，总要告诫自己：千万不要忘了对人的关怀，对人的心灵的关注。语文老师当然要教语文，但又不仅仅是教语文的。一个好的语文教师，首先应当是一个好的教师，教师都当不好的人，肯定不可能成为好的语文教师。

我深以为然。

"学高为师，身正为范"。教育家徐特立把教师分为两种，一种是"经师"，一种是"人师"。"经师"专教学生知识，"人师"是教学生做人。我们不能仅仅成为"经师"，更应成为"人师"。我的父亲告诉我，人要堂堂正正做人，老老实实做事。每迎来一届学生，我都要告诉他们："要仰不愧于天，俯不怍于人。"做人要光明磊落，问心无愧。在课堂教学中渗透人文教育和人格教育，看似"拙"，实则"巧"，这大概就是人们说的"大巧若拙"吧。教"作文"先教"做人"，"人"做好了，离做好文章也不会太远。

钱先生说，学生是"活的心理学"，我们要读懂这本"活的心理学"。多年来，我关注学生，关注学生的心理，努力激发学生的求知欲，保护学生的想象力，像钱先生一样，"像保护自己的眼睛一样，小心翼翼地保护学生的主动性和积极性"。语言与思维是相通的，你以为自己只是不会组词造句，实际上往往是你根本没有想到更远的地方。这不只是语言问题，更多的是思想问题、思维问题。打开、厘清思路之后，组词造句写文章也就不是什么难事了。而要打开思维，就要培养学生的想象力和逻辑思维能力。语文教学需要让学生明白：没有做不到，只有"想"不到；没有"写"不好，只有"想"不好。思维如天马行空的孩子是难得的，因为我们只需给他的"马"套上笼头；而没有想象力的孩子，我们还得去帮他找"马"。

钱先生在"求索篇"中思考语文教学究竟教什么，为什么语文教学会出现"失魂落魄"的症状。语文教学的"魂"是什么？他的疑问也是我的疑问，而他给了我答案——"汉民族语教育，正是我国的语文教学之魂"。他说，汉语"遣词造句主要依靠语感和对词语的语境意义的把握"，中国人写文章即使不懂语法，全凭语感，也一样可以写得文通字顺。这一理念体现在语文教学中，就是引导学生大量阅读，并辅以系列的阅读训练，在"读中写，写中读"。这样学生就会有阅读笔记，就会有读后感，就会有文学鉴赏，就会将读和写融合起来。只有让学生实实在在接触文本，实实在在触摸语言，在听说读写中摸爬滚打，才能找到语文教学之"魂"。

这样的理念要求我们引导学生去实实在在阅读，进而让他们爱阅读、会阅读、多读书、读好书。既然要求学生阅读，我们老师自己也要会阅读；既然要求学生写作，我们老师自己也要勤于写作。和学生同步写作，与学生一起进行同题材创作，师生各有创意，自成个性和特色。

向钱先生学习、致敬的同时，我依然需要教我的学生，走好我的教学之路，写好我的教育之文。唐代书法家李邕说过"似我者俗，学我者死"，后被齐白石老先生化用为"学我者生，似我者死"。我想，这句话应该是一切创造者应奉为圭臬的学术主张。作为创造人类灵魂的"工程师"，我们应该博采众长，有个性鲜明的教育教学理论和思想，走自己的路。

教童话、寓言、神话三法

在童话、寓言、神话的教学过程中,困扰教学的不是童话、寓言、神话本身的内容理解,而是隐藏在其表象之后作者想告诉大家的道理,事实上这也是教学难点。为实现教学目标,针对此难点,教师应引导学生把握联想和想象在文中所起的作用,并激活学生自己的联想和想象。

在进行童话、寓言、神话教学时,我经常采取以下三种方法:

第一,比较法。将童话、寓言、神话内容与现实生活做比较,寻找其中的"不合理",即与现实矛盾或与一般思维相违背之处,以此作为突破口,引导学生理解文章所使用的想象、夸张手法,剖析文章主旨。

例如,《皇帝的新装》一课中的展示新装部分。师生共同分析这一段,找出与现实不相符的内容。

"皇帝光着身子去游行,大家都说衣服美,在此之前,皇帝从来没有哪件衣服获得过这样的赞誉。"

大家试想:皇帝可能光着身子去游行吗?穿衣服的皇帝难道还没有赤身裸体的皇帝好看?

显然,这些内容不合情理,不符合正常思维。可以看出,作者在此使用了夸张的修辞手法,刻意丑化皇帝,揭露皇帝自欺欺人的虚伪本质,也揭示自己真正的写作意图,增强讽刺效果,深化主题。同时从这一部分内容可知,大街上看热闹的人们也在说谎。引导学生探究人们说谎的原因,各抒己见,最后总结虚伪自私是人性的共同弱点,众人和国王一样,都陷入了自欺欺人的怪圈。

第二,假设法。这里的假设是指虚构,即根据课文原有的内容,做出一些有针对性的虚构。这种方法要求在上新课之前,让学生展开联想和想象,使自己置身于课文所呈现的情景、氛围之中,进入幻想王国。

例如《古代英雄石像》一课,在上课前引导学生想象:假如你就是那被凿掉的碎石，你会怎样想？如果你是被保留下来的雕像，你又会怎样想？如果这座雕像是一位受人尊敬的英雄，而你就是这个人，你又会怎样想？

通过这些问题，让学生充分发挥联想与想象。接着，让学生畅所欲言，预先说出古代英雄石像的性格特征。这样更有利于学生理解课文内容，在阅读课文时，学生还能体验到"和我想的一样"的喜悦之情。

第三，推测法。所谓推测，就是根据已知信息来推断、猜想未知事物。具体应用在教学中，就是引导学生从课文中的某一句或某一段话入手，推测之后会出现什么情况或发生什么事情，事物的表象背后蕴藏着哪些深刻的道理或寓意。这要求学生发挥联想和想象，由课文的"一斑"来理解"全身"。

例如，《蚊子和狮子》一课的标题和最后一句话"这故事适用于那些打败过大人物、却被小人物打败的人"。针对这些内容，教师可设计一些具有启发性的问题：《蚊子和狮子》最后一句中的"大人物"指什么？（狮子）能打败狮子的动物怎么可能被"小人物"打败呢？（因为骄傲或疏忽，所以被小人物打败）不论哪一种可能性都告诉我们一个道理，这个道理是什么？（学生阅读课文，找出答案）

在教师的引导下，学生展开联想和想象，先推测课文的主要内容，接着阅读课文。这样一来，隐藏在课文里的思想内涵也就不难理解了。

第二辑 课改反思

小学语文教学要立足高远

——对新课标理念下小学语文教学的思考

新的课程标准、新的人才选拔标准对小学语文教学和小学语文教师提出了新的要求。

我认为，我们的小学语文教学要立足高远，让现在的学习具有未来的意义，让零碎的学习具有系统的意义。

从理念上讲，我们要让现在的学习具有未来的意义，这是由小学语文教育的基础性决定的。

要实现这一点，首先小学语文教学应具备前瞻性。学习新课标，转变育人观念，让小学语文教学具有未来的意义。作为人的培养者，我们要考虑由谁培养人、培养什么人、怎么培养人这三个问题。从大的方面来说，教育的目的是为我们的祖国培养一代又一代社会主义建设者和接班人。往具体说，我们的整个基础教育阶段要为以后高等教育选拔人才和培养创新型人才服务，我们培养的是面向未来的人才。所以我们要让现在的学习具有未来的意义。

为适应现代社会的发展需要，教育部提出了全新的课程标准。具体到语文教学上就是：以坚持立德树人、强化学生的核心素养为本，推进语文课程深层次的改革，促进学生语文学习方式的转变。这就要求小学语文老师必须研读课标，转变理念。

小学教育，处于教育底端，是最基础的部位。但小学语文教师要看清未来需要什么样的人才，未来对我们的教育教学有什么样的要求，这样才有利于培养面向未来的人才。

其次，小学语文教师要成为全新的角色。学习新理念，找准角色感。新的教育教学理念，要求教师做学生人生的规划师，要为学生的长期发展、终身发展服务，这就需要我们学习新课标，转变思想和做法。2022年教育部颁布的新课程标准要求教师必须学习、理解、把握新修课标，按整体情况与主体变化，适应新的课程改革要求，培养符合时代要求的创新型人才。

在这一方面，清华大学附属小学现任校长窦桂梅老师就做得非常好。她要求学生在小学毕业时就有自己的职业发展规划。事实证明，有兴趣点、有理想、有目标的学生实现理想、取得成功的可能性更大。

从具体的语文教学操作上讲，小学语文教学应该让零碎的知识具有系统的意义。

从高中语文教学的角度反观小学语文教学，会发现，看似散碎的语文知识和内容，其实是成体系的，是一个循序渐进、由浅入深、由现象到本质的过程。

同样是病句修改，小学讲的是不符合语言习惯，初中讲的是不符合语法规则，高中讲的是不符合逻辑修辞。同样是文章写作，小学低段强调组词成句，小学中段强调连句成段，小学高段强调连段成章。2018、2019年高考连续出现的标点符号类考题，既不是高中教学内容，又不是初中教学内容，而是小学四年级以前的教学内容。小学五年级以后，再没有涉及标点符号的教学。可以说，高考所涵盖的所有文章类型，包括近几年频繁出现的应用文写作，其基本格式和内容在小学阶段已全部出现。我们的初高中的作文教学，不过是在小学的基础上做了拓展与延伸。提出自己的观点、看法在二年级的口语交际中已经出现；到了四、五、六年级已出现议论性文字的片段训练。同样是写作，小学侧重于词句，初中侧重于段落，高中侧重于谋篇。各个学段内容由易到难，层次由浅到深，容量由少到多。高中语文的教学内容很多都是低学段内容的拓展与延伸，"合抱之木，生于毫末"，不管是什么样的参天大树，都是由小树苗长成的。注重成体系的小学语文教学，培养学生学习、生活、思维的习惯，为其终身发展打好基础。

那么在具体教学中，我们怎样才能实现这些目标呢？

教育孩子学习，我们老师首先要学会学习，起到示范作用。根据新课程标准中"树人为先"的原则，我们要先成为孩子喜欢的老师，让他们"亲其师，信其道"；我们要教他们做人，教他们做面向未来的人。要让学生学习，我们就要先学习；要让学生阅读，我们就要先阅读。有人提出，所有老师都应当具备体育老师的优点，那就是亲身示范。当你示范的时候，学生会从最初的模仿开始，慢慢学会创新。让学生主动去学，胜过苦口婆心地劝他去学，教他去学；想让学生成长，我们老师需要自我成长，与生共学，与生共进。人的成长应该是内部动力作用下的成长，而不是外在压力逼迫下的成长。一个人的成熟与长大绝不仅仅是容貌的变化和年龄的增长，而是见识的拓宽和心智的完善。学会学习和成长不只是学生的任务，也是我们每一个人需要面对和完成的人生课题。

有的家长一直问我一个问题：我家孩子读了那么多书，为什么写不好作文呢？为什么语文成绩不好呢？我开玩笑说：哪个老师告诉过你读书读多了就会写作？读书读多了，语文成绩就一定会好？文章读过了，内化了多少？就如饭吃下去，身体吸收多少一样，不是所有的饭都会转化为营养，同理，也不是所有的读书都会有用。作为老师，我们该如何读书学习，起到示范作用呢？

首先，阅读应分为这么几个步骤：一是广泛的阅读，也就是泛读；二是反复的阅读，也就是精读；三是写读书笔记，也就是雁过留声；四是有写作创作，也就是反思的过程。只有这几个步骤完成之后，这本书才可能对你有价值、有意义，或者说它才能对你的学习和生活起到真正的作用。

我们阅读的内容和方式也不尽相同，可分为生活化的阅读、文学性的阅读、教学化的阅读、学术性的阅读和消遣性的阅读等。老师学会阅读之后，要引导学生去阅读。学会因地制宜、循序渐进地读，从自己喜欢的书开始读，从自己能读的书开始读。我们要多读、精读，要坚持读、悟、写三方结合。

读是过程，写才是目的。只有写出来才会印象深刻，才会有创新，才会内化为自己的知识。思想转化为文字的过程同时也是思维训练的过程，是记录生活的过程，更是创新的过程。所以在小学语文教学中，老师要注重写作引导与示范。教师的写作可以分为随笔性写作、创作性写作、交际

性写作、评点式写作和考试性写作。这么多类型，我们都应试着写一写，感受不同文体、不同内容流出笔尖时的特殊的生命体验。

在教学过程中，我们需要有言语实践，就是我们要去说；我们需要有生活实践，就是我们要去做。文化体验要求我们学会思考，学会联想和想象，再现文章、诗歌所描绘的意境和生活。只有在不断的学习和充实自己的过程中才有能力去思考探究，去创新教法，真正培养面向未来的人才。这就是我所说的"让现在的学习有未来的意义"。

基础教育应当拥有最丰富的社会资源，因为这一阶段是人才的摇篮。小学老师是最难当的老师，也是最厉害的老师：听说读写样样精通，吹拉弹唱件件都行，是教育界的全才与精英。老师需要整合教材，创造性地使用教材。多学科考察、跨学科考察是2020年高考评价体系的一个突出特点，这要求老师有跨学科整合的能力。而小学教育基础性的特点决定了在学科特色并不突出的时候，为学生的全面发展奠定、夯实基础尤为重要。

要想培养创新型人才，首先老师要学会创新，让学习成为一种习惯、一种本能。要想让自己成为发光体，就需要不断补充能量，不能揣着几十年的老饭碗，一成不变。自己不去创新，孩子的兴趣从何而来？我们拿什么来调动孩子的学习积极性和主动性？

其次，本着"立德树人"的教育理念和"为学生的未来服务"的原则，我们的小学老师也需要了解初高中的课标指向和基本内容，以精准定位小学课程内容。对于课标的学习，不能只学习某一学段的课程，而应了解和学习整个基础教育阶段的所有课程标准，在脑海里对整个基础教育阶段的教育教学内容有一个大致的轮廓。一句话，就是整个小学语文教学应形成一个系统工程。知识要积累，要逐步转化为能力。

再次，我们的小学语文老师要有耐心、有爱心、有吸引力。认真学习一天是容易的，但认真学习一个学期、一年，甚至是很多年，是非常困难的。这不仅需要对孩子进行习惯养成的教育，而且需要老师有爱心、有耐心、有能力、有吸引力，做到这点很难。所以，越是低年段的老师就越重要、越辛苦，对学生一生的影响就越大。向我们的小学老师致敬。

调动学生的积极性需要两个必要条件：一是自己成为发光体，吸引孩子的注意力；二是让课堂成为五彩石，激发孩子的兴趣。给学生一碗水，自己得有一桶水的理论已经过时了，现在的教育需要老师不仅仅有一桶水，更要有活水源头。"问渠那得清如许，为有源头活水来"，想要培养创新型人才，自己就要先学会创新。自己"昏昏"，如何能让他人"昭昭"？让学习成为一种习惯、一种本能，不断地学习，不断地补充知识与能量，自觉更新知识，让自己的知识更新换代，不断升级，每天都以全新的面貌出现在孩子面前，才能长久吸引孩子的注意力。

最后，要丰富我们的教学方法，做到灵活多变。要让孩子的注意力保持在课堂，老师不仅要不断进行自我提升，还要确保课堂更加丰富多彩。这就要求老师在丰富自身学识的同时，还能运用多种多样的教育教学方式，以保护、调动、激发学生的想象力。

例如，小学一年级的课程标准设有入学教育、汉语拼音、识字、课文、语文园地、口语交际等板块。识字课要求学生每课识字 12~14 个，教材共 20 篇课文，分为 4 个单元，原则是认写分开，多认少写，能认识 400 个字，会写 100 个简单的字。语文园地的重点是读写说话，旨在激发兴趣，培养自信。阅读方面，让孩子喜欢阅读，能够流利地读课文，借助图画，乐于与人交流。口语方面，包含 6 个口语交际话题，创设口语交际情境，学说普通话，认真听别人讲话，能与人交谈，态度自然大方有礼貌。有表达的自信，积极主动地参与口语交际，发表自己的意见。阅读要读顺，读出感情，有初步的情感体验，积累语言以背诵为主。

而在教材编写方面，一年级上册注重听、说、读，要求学生写规范汉字、说普通话；一年级下册则将侧重点由教师的"教"转向学生的"学"，使教材成为学生喜爱的读本。教师在阅读教学中引导学生入境入情，充分体会语文情感因素，使学生乐学、会学，在阅读和学习中不断涌出成就感。二年级上册的题材已十分多样化，它要求学生会查字典，能读课外书，能与他人分享自己的感受与想法，发散思维，同时帮助学生形成独立思维，启发学生质疑问难。二年级下册已经开始倡导自主合作探究的学习方式。根据课程内容和教学目标设定的不同，要求教师针对不同年级、不同学段的学生采取不同的教学方法。

不同年龄段的孩子，其注意力集中时间也不同：3岁孩子的有意注意能持续3~5分钟，4岁孩子的有意注意大约能持续10分钟，5~6岁孩子的有意注意时间为10~15分钟，7~8岁孩子的有意注意时间为15~20分钟，9~10岁孩子的有意注意时间为20~25分钟，11~12岁孩子的有意注意时间为25~30分钟，成年人的有意注意能持续30分钟以上。我们需要针对不同年龄阶段的孩子，不断调整教育教学方式，让课堂形式更加丰富多样，从而提高课堂效率，培养学生良好的学习习惯。不仅老师的"教"要具有系统性，学生的"学"也要跟上老师的节奏，自成体系。

时代正在迅速发展与进步，我们的知识也要同电子产品一样，加快更新换代的速度。在当今社会，知识每三年就会大幅更新一次，若我们不及时更新知识，就会被社会迅速淘汰。从前学有所成即可，现在必须终身学习。我们是老师，面对的是人的教育，不学习怎么行？现代意义上的"文盲"，已经不单单是指不识字的人，而是指不会自学的人。如果连教书育人的老师都变成了"新文盲"，那就真的活成学生眼里的笑话了。

老师的示范性读书和终身学习，有助于打破知识点之间的壁垒，让零碎的知识成为一个完整的体系，为学生的终身发展打下坚实基础，让教育真正地起到育人的作用！

拿什么拯救你,我的课堂?

恕我直言,我不记得语文老师给我教过什么。虽然我有过七位语文老师,可他们都一样:一样的考查字词,一样的分析结构,一样的朗读课文,一样的归纳中心。所以我在课堂上的感受和表现也几乎一样:一样的索然无味,一样的昏昏欲睡。我很尊敬我的老师,也很喜欢学习语文,但是对于曾经的语文课堂,我真的没有多少感情。

直到有一天,我也成了一名语文老师。

当我滔滔不绝、大讲特讲的时候,我又看到了无数个昏昏欲睡的"我"。为什么会这样?我的课堂怎么了?语文课堂怎么了?

学校每年都会组织很多听课活动。在语文课堂上,或多或少都会有几张挂着索然无味表情的脸,且这种场景"前仆后继"。尽管听课的老师黑压压地坐了一教室,学生也难以抵挡瞌睡虫的进攻,甚至就连听课的老师都会被这种昏昏欲睡的氛围影响。虽然讲课的老师是"十分的投入",可学生却是"九分的无聊",课堂则是"八分的无效"。

一次业务考试中有这样一道试题:你认为怎样的课堂是高效的课堂。我不假思索,直接就写"没有人睡觉的课堂"。观点虽然有些偏激,但话说回来,倘若课堂上有一小半甚至一半的学生在睡觉或想睡觉,"高效"从何谈起?能有效就不错了!我们有没有想过:为什么学生玩电脑从来不瞌睡,一到上课就想睡呢?为什么学生对写情书、递纸条兴趣盎然,就是不想写作文呢?我们该如何改变"瞌睡的语文课"这一现象,拯救我们的课堂,真正提高课堂的实效性呢?

我认为可以从以下几点做起:

第一,改变观念。老师不要只忙于上课,而应对课堂有明确的认识。有的老师上完课后会懊恼地说,这节课的内容又没讲完。语文的概念说白了是语言和文字,谁能把语言和文字讲得完?我们暂且不要在这儿抠字眼,就算把内容讲完了，学生能掌握多少、接受多少呢？我们应该更多地立足于如何让学生掌握知识，如何让学生能学以致用。我们用极少的时间讲概念，留足够的时间来运用它们，效果不是更好吗？语文课堂的教学重点应该是老师引导学生去学，而不是只管闷头教书。老师应多精心设计、组织一些语文活动，多锻炼学生的思维，效果会比老师的"个人抒情"好很多。语文实践活动不仅可以使学生学到知识，还能加强师生之间的交流，增进师生之间的感情，培养师生之间的默契，从而有效提高学生的学习效率。

第二，注意课堂语言。课堂语言要幽默、风趣。"幽默和风趣是智慧的闪现"，莎士比亚如是说。幽默风趣是各种智能的结晶，是一种高尚的情趣，也是一种较高的言语境界。幽默风趣的语言意味深长，不仅可以活跃课堂气氛，调节学生的情绪，还可以启迪学生的智慧，提高学生的思维质量。一个笑声不断的课堂是很少有人昏昏欲睡的，因为他们怕错过"开心一刻"。课堂教学的幽默，应与深刻的见解、新鲜的知识结伴而行，教给学生理智，学生会报以会心的微笑，获得美的体验与享受。

第三，一定要激情满怀。没有激情和感染力的课堂是苍白乏味的。语文老师一定是一个容易感动、富于激情的人。感动源于敏感的心灵，而激情可以感染他人。我们经常要求学生注意观察生活，注意记录感情，但我们自己做到了吗？做一个有心人、做一个有情人是语文老师必备的素质。所有的文字都是记录历程的，其间不可或缺的便是感动。我们要用一颗敏感的心去捕捉古今中外文人墨客的人生历程、心灵之花，与之共鸣，并且同学生分享这种感动带来的乐趣，何乐而不为？我们更要做一个有激情的人，用我们的情绪去感染学生，让学生体会到文字中的赤子之心、朋友之情、手足之谊，感受到拍案而起的激愤、天地动容的悲壮、催人泪下的凄切和细雨霏霏的柔婉。

第四，语文课堂应是充满温馨与默契的课堂，是全体学生积极参与的课堂。说到温馨与默契，在这里不得不谈一谈师生的感情问题。没有人会拒绝一个亲切的人，也没有人会拒绝一个充满爱的光辉的人。这些品质不但是语文老师应该拥有的，而且是所有老师都应具备的。语文教什么？其实就是让学生学会爱、学会体验爱，学会生活、学会感悟生活。一个温馨的课堂本来就是一个充满爱的课堂。在这里,要多一些表扬,少一些批评;多一些民主,少一些专制;多一些生动,少一些呆板。要平等,拒绝歧视;要温馨,拒绝冷漠。要与学生做朋友,要多一些交流,少一些隔阂。

第五,语文的性质决定了语文老师一定要知识广博,博览群书,兴趣广泛。要行万里路,读万卷书。老师的魅力在于睿智。一名富有魅力的老师,应该是一个学识渊博的人,学生最敬佩的也应该是其学识。一位学富五车,能够谈古论今、引经据典的老师,也一定有着丰富的语文学科及其边缘学科知识。因此,语文老师必须广泛涉猎各种书籍,不要只停留在与语文有关的知识或信息上,还应关注包括世界前沿科技、新闻时事热点等在内的科学的、艺术的、生活的资讯与知识。语文老师只有拥有较高的专业学识素养和广泛的知识储备,才能做到在教学上高屋建瓴、应对自如、游刃有余。

其实,上好一节语文课不难,难的是上好所有语文课;让一节语文课高效不难,难的是让所有语文课高效。拯救我们的课堂,打造有个性、有独特魅力的高效课堂,这需要我们大家共同努力。

此"黛玉"非彼"黛玉"

这一段时间,我陆续听了一些老师的公开课。大家不约而同地在教学设计中使用了多媒体,优美的旋律、精彩的影视片段都出现在了课堂教学过程中,课堂气氛活跃,"热闹"非凡。但这些"别开生面"的课堂教学究竟能收到怎样的课堂效果,就不得而知了。这令我不由得开始思考。

科学技术的发展使多媒体技术越来越多地被运用到中小学课堂教学之中,这是一种趋势。多媒体教学简便快捷、形象直观、资源共享的优点也得到一致认可。但在某些场合,特别是对于语文学科,我认为,在是否运用多媒体教学这一问题上应当慎重,且有所选择。

许多语文老师将多媒体技术用于教学之中,更多考虑的是其快捷与直观,却往往忽略了它的弊端。过于现代的教学手段减少了课堂教学的程序、时间,使课堂教学以一种近乎"快餐"的形式出现。这会扼杀学生的想象力,限制学生的思维空间;还会使学生对文学作品的认识趋于同化,缺少个性和主见。关于这一点,让我们以《林黛玉进贾府》的教学为例来进行分析。

《红楼梦》中的《林黛玉进贾府》一文,借林黛玉的眼睛,第一次对贾府中的重要人物进行了介绍。而此文中贾宝玉、林黛玉二人的初次相遇与王熙凤的现身更是《红楼梦》中的精彩片段。细品慢咂文字,感受作者的神来之笔和人物的独特个性,才能真切体会到黛玉的临花照水、宝玉的温柔多情、熙凤的圆滑善变。另外,此章中林黛玉大量的心理活动,只有细心品读课文,才能感受得到。而现在一些老师或为了节约课堂时间,或为了提高课堂效率,倾向于用更直观的方式带领学生了解人物形象。他们利用多媒体教学形式,将学生品味咂摸课文内容的过程略去,直接将影视人物的形象搬入课堂,将人物形象直观地再现于学生眼前,让学生给既定的人物赋予一些性格特点。殊不知,影视人物与文学作品中的人物并不是完全相同的。这样与其说是分析课文，倒不如说是做影评。不引导学生细品文字，学生的感受就浅，收获也很有限。

还有一点不容忽视，那就是部分影片为了表演需要，会将原著中的一些内容进行改编，甚至删除一些片段。这样一来，影视作品就无法完整、准确地再现文学作品的原意，这对我们的学习而言是有百害而无一利的。例如对《阿Q正传》的学习，在《阿Q正传》这部电影中，"阿Q"的扮演者严顺开对原作的人物形象拿捏得恰到好处。但是，不论多么到位的表演，还是无法淋漓尽致地表现出小说人物内心世界的复杂性。严顺开演出了阿Q的可笑、可恼、可恨、可悯，但对其可笑的一面表现较多，而对其可恨、可悯的心态表现得不够充分，所以电影多了可笑的成分，少了讽刺、令人深思的内容，这是因为导演与演员在理解作品时带有自己的主观色彩。我们可以试着对比原作与电影中阿Q与小D的那场"龙虎斗"。电影只展现了阿Q与小D的一通厮打，最后阿Q愤愤离去，而原作中是这样写的："（阿Q）于是只得扑上去，伸手去拔小D的辫子。小D一手护住了自己的辫根，一手也来拔阿Q的辫子，阿Q便也将空着的一只手护住了自己的辫根。从先前的阿Q看来，小D本来是不足齿数的，但他近来挨了饿，又瘦又乏已经不下于小D，所以便成了势均力敌的现象，四只手拔着两颗头，都弯了腰，在钱家粉墙上映出一个蓝色的虹形，至于半点钟之久了。"在这些细节中，阿Q欺凌弱小而又可怜的神韵，只有品读文字、慢慢咀嚼才能体会得到，而电影是很难把原著的这些细节真切展现出来的。

西方有谚，一千个读者就有一千个哈姆雷特。倘若学生不去看影视剧中的林黛玉，他们的心目中就会有千万个林黛玉的形象。而影视作品中的林黛玉很容易将学生心目中的"林黛玉们"通通抹杀，使学生对林黛玉的形象认识趋同化，甚至出现偏差。例如，影视作品浓墨重彩地刻画了林黛玉体弱多病、纤弱多情的形象，却无法展现她最为突出的特点：书卷气和清高的诗人气质。而这种内在气质需要学生去细细品读、感悟。文学鉴赏本来就是一个再创造的过程，需要想象、概括、综合，将人物再创造。多媒体所展示的教学片段，老师认为可使学生大饱眼福，欣赏精美的图片或优秀的影视作品，殊不知再优秀的演员、再娴熟的演技，也只能展现部分

人（编剧、演员等）对该文学作品人物形象的认识与理解，这种演绎永远是片面的。这些老师似乎忘了，无形的人物要比有形的人物形象更立体，内涵更丰富。影视中的此"黛玉"并非文学作品中的彼"黛玉"，影视人物不过是文学作品人物的一部分，而非全部。

当然，多媒体教学并非不能出现在课堂。例如，在诗歌、散文教学中，可利用精美的图片、优美的旋律营造学习氛围，突出诗歌、散文的文体特征；但在小说、戏剧教学中，特别是在进行文学人物鉴赏时，多媒体的使用一定要有度、得法，不可滥用。

还语文一点安静的空间

新课程改革之风一夜之间吹遍大江南北，从中央到地方，从校领导到普通家长，可谓妇孺皆知，老少皆闻。但课改是什么，课程怎么改，其目的和手段是什么，大多数人说不出个所以然。这便有点像阿Q闹革命，大家都革命了，至于革谁的命，怎么革，说起来都很茫然。

凡有井水处，皆能歌柳词；凡有学校处，全在说课改；于是，课改也极大地泛化，流于形式了。

那语文课改应该怎样进行呢？

大家热热闹闹地上课，热热闹闹地下课，课堂内外全在讨论——这就是"通俗版"的语文课程改革。

大家用PPT（PowerPoint的简称，用来制作幻灯片，大家戏称"骗骗他"）上课；下课了，PPT也"下课"，黑板上没有留下任何痕迹，可是课已上过——这就是"高雅版"的语文课程改革。

校门口卖水果的阿姨都知道课程改革了，因为孩子们都说，语文老师现在上课就是谝，你谝谝，我谝谝，然后就下课了。家长问孩子今天上什么了，孩子说：没啥，聊了一节课。家长一头雾水。语文老师怎么了？难道传说中的新课改就是这样？

有的老师上示范课、公开课，觉得可以不用PPT，但最后还是用了，因为没有PPT，感觉课堂气氛不够，也不够现代。

于是，凡是优质课评选，全要用PPT；凡是赛教活动，一窝蜂要讨论。这阵势就好像没有多媒体、没有讨论环节，语文课就上不好一样。

大家置语文的本质于不顾，都在这里搞所谓的课程改革。改来改去，舍本逐末，后果是可想而知的。

语文课堂多了轻浮，少了厚重；多了喧嚣，少了安静。

语文要感染人，要震撼灵魂。

语文要改变人，要重在感悟。

这个体悟生命的过程，就是语文课堂的灵魂，需要让学生处在身心皆静的状态之中。这个时候，语文需要安静。

生动、直观的图片和视频能给予我们感官上的震撼，可拿什么来震撼心灵呢？

语文教学要用思想（情感）来唤醒灵魂，语文学习要用灵魂来体验生命。

语文应突出情感教育，让学生体悟自然之美、道德之美、艺术之美、人生之美，而这些美没有心灵的参与是感受不到的，它们不是拿来看的，而是要用心领悟的。给学生时间，让他们可以慢慢把文字变为画面，把枯燥的符号转化为鲜活的生命个体；不是看别人的喜怒哀乐，而是跳入文章，同作者和文中人物共同感受生活的喜怒哀乐。让心灵敏感，只有敏感的心才能体会到爱与被爱的幸福，才能学会思考生活、感悟生活。让优秀作品中高尚的灵魂来感染学生，而不是由老师告诉学生什么地方感染人。让学生学会感受生活，是语文教学最先应该做到的。这时的语文需要的是安静，而不是你方唱罢我登场的喧嚣。

语文教学还应教会学生安静地思考，把自己对生命的体验感悟用自己的语言表达出来。这个时候，语文更需要安静。只有在安静的时刻，生命的个体感受才更清晰、更明朗。有很多千篇一律的作文，有很多墨守成规的思想，有很多人云亦云的学生，这是因为学生听课和讨论的时间很多，而独立思考的时间却很少。他们忙着做肤浅的交流，却忘记了思考。于是闹闹哄哄之后，什么也没有获得，满脑子都是别人的思想，却不知道自己的思想究竟是什么。我们不否认思想交流的必要性，但当大家的想法都出奇地一致之时，我们还有必要继续交流下去吗？这样的讨论有何价值？难道就是为了培养"与众相同"的思想和语言吗？那这个世界上有你没你又有何区别呢？要让学生明白：我因与众不同而存在。我们应该给学生足够的时间，让他们学会思考，学会用独到的眼光看问题，学会独立思考问题。

让我们的语文课因为改造灵魂而不同，让我们的语文课因为体验生命而不同。体验，需要时间；感悟，需要安静。请给学生一个安静的空间！

不要等到若干年以后，我们的学生穿梭于忙碌的人群之中，却无法感受到生活的乐趣，不会体验生命，感悟生命。那样的话，我们语文老师真是骗了他们！

直面学生

——浅析教改中师生关系的处理

谦和而不倨傲,微笑而不失威严,眼睛平视,表情温和而自然——挂图中的至圣先师孔子几千年来都受到人们的膜拜与敬仰。仔细观察他的画像,我不禁开始思考一个问题:他的眼睛为什么不往下看?

子曰:"三人行,必有我师焉。"在孔子看来"能者为师",做老师与人的地位高低没有什么关系,但他并没有提到老师的地位问题。后来,逐渐出现了"一日为师,终身为父"的思想,这就使老师的地位在孩子心目中一提再提,越来越"高",而老师离孩子的心灵却越来越远。这种无形的地位与等级的隔阂严重影响了师生之间的交流,由于缺少沟通而致使双方产生误会,甚至发生矛盾的事例不胜枚举。以下为不良师生关系的若干案例。

学生:新来的班主任永远是高昂着头走进教室的,他从来不正眼看我们一眼,一天板着脸,好像我们欠他多少似的。嘻,他以为他是谁呀!

老师:学生嘛,不给点"颜色"哪里行?他们都上天了,他们的眼里哪有你?板着脸都要好好地给他们用劲,哪里还敢微笑?

点评:老师,你的眼里没有学生,学生的眼里会有你吗?要知道,微笑是最好的名片,没有人会讨厌发自内心的、真诚、和善的微笑。这种微笑是善意、平和的笑,而不是肌肉抽搐、勉强的笑;这种微笑是平等、欣赏的笑,而不是居高临下、施舍的笑。当你走进孩子的心灵之时,你还在意他们的眼里有没有你吗?

老师,请你平视孩子,而不应往下看。

学生:老师讲的问题有时前后矛盾,错误不少。我们给她提出问题后,她往往会很生气。要么发一通脾气,将大家训斥一通;

要么拍案而去，让大家上自习。

老师：孩子们总是喜欢挑毛病、挑刺，有时竟和我顶嘴，气死我了！这样下去还能得了？这课简直没法上了！

点评：有人这样说过："孩子，如果你有什么不懂的，就去问问大人；大人，如果你有什么不了解的，就请去问问孩子。"孩子去问大人，这一点做得很好；相较之下，我们大人做得就不怎么样了。大人怎么能问孩子呢？这也太没面子了。老师也一样，虽然我们很早就知道"弟子不必不如师，师不必贤于弟子"的道理，可我们仍然不能"屈尊"承认自己的错误和无知，更不肯向学生请教。在知识上，我们自认为高高在上，优于学生。所以，有的时候，我们反而成了"错误的坚决捍卫者""面子的执着守护者"。我们自以为守住了在孩子眼中所谓的面子；其实在孩子心目中，我们早已颜面扫地。

"学无止境""人无完人"，这些道理老师应该都懂。当你和学生共同纠正了课堂上的错误后，你失去了什么？你什么都没失去。即使"失去"了，也只是暂时失去了所谓的面子，却获得了真理和学生的信任与尊重。这种一举两得的事为什么不去做呢？孩子们都有勇气指出错误，我们为什么就没有勇气面对错误，改正错误？

老师，请你平视孩子，不只是往下看。

学生：老师在课堂上提问时，经常看着这个同学却叫其他同学的名字。他给我们任课都快两年了，可他好像根本不认识我们，哪里谈得上熟悉？

老师：每天忙于奔波，在课堂上忙于传授知识，生活与工作的压力太大，哪里有时间了解学生，认识学生？

点评：教学过程是一个教与学的互动过程，同时也是情感的交流过程。我们在与学生平等相处的时候，要尽量挤出时间与学生交流。课堂既是知识的阵地，又是情感交流的平台。在这里，我们除了可以交流知识，还可以交流情感以及对社会、生活的体验和感悟。我们知道激发学习兴趣是提高学习效率的一种极其有效的途径，殊不知，激发孩子对老师的"兴趣"也可达到同样的效果。学生对老师往往充满好奇，他们对我们的"关心"

程度远远超出我们的想象。向他们吐露心声，既可以减轻我们的心理负担，又可以让他们理解、体谅我们。让学生尊重老师、尊重知识，爱老师、爱老师的课堂，这不就是我们想要达到的目的吗？所以，哪怕占用一点课堂时间，我们也应该与学生进行交流与沟通。

改革教育模式，需要建立良好的师生关系。而良好师生关系的建立是以互相尊重为前提的。只有我们认为学生应该受到尊重，并用实际行动去尊重学生，师生才能实现充分的交流，老师才能真正得到学生的尊重。这样的尊重源于平等的师生观，师生之间因平等而相互尊重，因尊重而乐于交流，因交流而其乐融融。

孔子提倡"尊师"而非"畏师"。孔子自己能做到"不耻下问"，可见其具备师生平等的观念，所以孔子无须"下视"——居高临下地看待学生。我们所需的也正是师生之间的平等、尊重与沟通。在交往过程中，我们应以师生之间的人格平等为前提，尊重个体，尊重知识，真正实现师生之间心灵的沟通，让学生改"畏师"为"敬师"，改"轻师"为"尊师"。让我们师生坦诚相待，真正促成感情和灵魂的升华。

敞开心扉，直面学生，我们拥有的，将不只是一片天空。

课改背景下小说导学案设计的思维探究

新一轮课程改革正进行得如火如荼。此次改革更加注重学生在学习中的主体地位，赋予学生学习的自主权、话语权，解放学生的思想，突出培养学生的个性。从操作层面上讲，借助导学案对学生学习进行引导，鼓励学生自主学习和思考，是很多学校的重要举措。导学，顾名思义，就是以导促学，"导"是手段，"学"是目的，在教师"导"的前提下，达到学生"学会""会学"的目的。但实际上，很多导学案在设计时就背离了其目的，最后都成了"知识案"或"训练案"，而非真正的"导学案"。真正的导学案一定要有学生的思维导图，而非简单的知识或习题的罗列。

编写导学案，首先要把握如何"导"，这是备课的关键，其次才是导什么、怎么学、学什么的问题。这就要求我们在设计导学案时，应当重点培养学生的多向思维，以此来激发学生的创新意识，使其具备创新精神与能力。具体应该怎样实施呢？在这里，我们就以小说导学案的编写为例，谈一谈导学案的设计。

学习小说，教师一定要在相应的导学案中设法使学生深读深思。在编写过程中，应注意从文章的细节入手，提出针对性问题，使学生讨论的范围缩小，使学习目标更加明晰。这样能为学生提供思维的感触点，引导他们走向更加广阔的思维空间。很多文学作品的独特之处在于主旨、主题理解的多元性。而当大众化的理解已深入人心之时，如果我们还是让学生必须接受这些老生常谈、了无新意的主题，那就像让学生吃他人嚼过的馍，他们必然会觉得索然无味。所以，在编写导学案时，我们应该引导学生从具体的切入点理解文本。

此处以《祥林嫂》导学案的编写为例。该作品为鲁迅名篇。有人总结中学生有"三怕"：一怕文言文，二怕写作文，三怕周树人。一提到鲁迅的作品，大多数学生就会发怵。鲁迅的作品因语言精练、内涵丰富、主旨厚重,在大多数情况下不得天真好动的中学生的喜欢。按照一般理解,大多数老师在编写课改导学案时,一定会探究造成祥林嫂悲剧命运的原因。这个问题涉及时代背景,既宏大又深刻,学生即使知道答案,也未必能理解。我们老师应当学会从不同角度提出一些"小"问题,逐步引导学生探究文章主旨。例如:小说中的账单能说明什么问题?这些问题与祥林嫂的死有什么关系?这个问题既新颖又具体;既能勾起学生的兴趣,引他们深入思考,又能帮助学生快速找到鉴赏文章的"把手"。小说中关于钱的零碎描写,可总结为以下五处:

（1）福兴楼的清炖鱼翅:一元一大盘;

（2）初到鲁家的工钱:每月五百文;

（3）婆婆从鲁家支走的工钱:一千七百五十文;

（4）卖祥林嫂的钱:八十千;娶亲费用:五十千;剩余:十多千;

（5）捐门槛的价钱:十二千(十二元鹰洋)。

这时,老师适当点拨学生,引导他们分析这五张账单,就能以小见大地剖析封建政权、神权、族权、夫权对下层劳动人民的无情压榨:祥林嫂辛辛苦苦做三个半月工,还买不到两盘"价廉物美"的清炖鱼翅,可见封建卫道士代表鲁四老爷在经济上对她的盘剥;婆婆从鲁家支走工钱,把祥林嫂一抓、一捆、一塞、一卖,就赚得八十元,给小儿子娶媳妇花了五十元,再除去其他花销,还净赚十多元,这是族权和夫权在替其婆婆撑腰;祥林嫂把自己两年来辛辛苦苦挣的工钱全都捐了门槛,还"神气很舒畅,眼光也分外有神",这是神权思想对下层劳动人民的深深荼毒。

再如于漪老师提出的"祥林嫂为什么没有春天"这个问题,可以帮助学生理清祥林嫂的生活年谱,把握人物性格,深入探究,最终得出文章主旨。

还有一些类似问题,如:祥林嫂为什么既希望灵魂有又希望灵魂无?柳妈为什么笑祥林嫂?柳妈在祥林嫂的悲剧命运中起了什么作用?长工为什么不屑于回答"我"的问题?这能说明什么?

从"小"的方面入手,激活学生的思维,引导学生理解文章的主旨,以实现课堂"大"的实效性。要想突出"新",在备课时就要"细",要细心，要细致，要细微，要用独到的眼光去发掘文章的细微之处，以问题导思，使学生能够以小见大。只有这样，我们编写的导学案才是精品。

再如《红楼梦》中的《林黛玉进贾府》一文。该篇历来为人称赞，故名家多有赏析、点评。如何能让学生对此篇有自己独到的理解呢？这就要求老师细读、精读课文，发掘最能展现人物性格特点的精妙之处，引导学生品析思考。只有老师眼光独到，才能编写出有特色的导学案，才能引导学生去主动探究、深入学习。

在讲授这篇课文时，有老师提出这样一个问题：贾宝玉第一次见到林黛玉，一见钟情，"钟"的是"情"还是"脸"？不管是情还是脸，都请从文中找出依据。这样的问题能将学生阅读讨论的积极性调动起来，不仅能使学生抓住教学重点，还能帮助老师一举突破教学难点。在老师的积极引导下，学生能了解林黛玉、王熙凤、贾宝玉三人不同的出场方式和性格特点，把握作者对三人不同的情感态度和塑造方法。

不过，老师读得细、读得精，可能会导致导学案出现另一个问题：知识点多且细，内容过多。这样的导学案就变成了问题集，先不说会增加学生的学业负担，久而久之，还会让学生心生厌恶，进而厌学。因此，导学案中的探究问题不宜过多，要少而精，一课时以两个为宜。这些用于探究的问题只是用来点燃学生思维、鼓励学生思考的火种，而不是火山，只要能激发他们的兴趣，就已足矣。但问题不能只是少，更要突出"精"。何谓"精"？"精"是在数量少的同时，对质量提出更高要求。导学案的问题虽少，但涵盖面要大，能对学生发散思维有益处，能引导学生展开讨论，能帮助学生紧扣重点难点。例如，在《林黛玉进贾府》的导学案中有一个问题：你喜欢林妹妹吗？这个问题其实涵盖了很多问题：你喜不喜欢她？喜欢她什么？在文中哪些地方可以看出来？综合一下，就是找出关于林黛玉的文字，分析人物形象，总结人物性格特点，学习塑造人物形象的方法。这样的问题能让学生自由分享自己的观点和态度，对独学和群学都十分有益。

导学案的编写，除了要角度独特，内容精准，抓住细节设置问题，还要引导学生学会对比性阅读和对比性学习，这样才能加深学生对文章主旨

的理解。

例如，在编写《装在套子里的人》的导学案时，可做《装在套子里的人》与《变色龙》的对比性学习。这两篇都是契诃夫的短篇小说，分别入选高中、初中语文课本。这两篇文章的故事背景并没有多大差异，所讲述的也都是在十九世纪末沙皇的高压统治和苦闷、无聊、压抑的社会背景下发生在小人物身上的故事，只不过人物不同、故事不同、结局不同罢了。所以，在学习课文《装在套子里的人》时，如果能引导学生回忆起《变色龙》中生动形象的环境描写，就没有必要将故事背景生硬地介绍给学生。"商店和饭馆的门无精打采地敞着，面对上帝创造的这个世界，就跟许多饥饿的嘴巴一样，门口连一个乞丐也没有。"这样的环境描写，足以展现当时社会的萧条。沙皇专制的腐朽没落激起了许多人的不满与反抗。为了加强统治，沙俄警探密布，告密者横行，这就有了我们的两位主人公——"套中人"别里可夫和警官奥楚蔑洛夫。二者都为沙皇统治服务，其身份和地位也具有一定的可比性，可用作比较性学习。

对比性阅读的内容可以是主旨相似的文章，可以是写作手法相似的作品，可以是同一作家不同风格或不同时期的作品，还可以单独提取作品中的某些人物或情节。这样既可以突出重点，又可以加深学生对文章的理解，同时开阔学生的视野，增加学生的阅读量，提高学生的阅读能力。例如，在讲授《祥林嫂》时，老师可引入《哑巴与春天》，让学生对这两篇进行对比性阅读，还可提出"为什么说祥林嫂与哑巴都没有春天"的探究性问题，以帮助学生理解文章主旨。或者做《祥林嫂》与《一个贞烈的女孩子》的对比性阅读，提出"封建礼教是怎样吃人的""两个阿毛有什么相同和不同之处"。同理，还可以做"祥林嫂"与"孔乙己"的对比性阅读；"套中人"与"变色龙"的对比性阅读；"林黛玉"与"王熙凤"的对比性阅读；"林冲"与"鲁智深"的对比性阅读，等等。

导学，以导促学。在导学案的编写过程中，若老师能真正将其设计成学生的思维导图，让他们在学习过程中有目标、有方向，思路清晰，能快乐地遨游于知识海洋之中，那将会是一件很美好的事。

课程改革推进中的一点思考

新课标的公布与实施，要求教材的编排体系与教师的上课模式与时俱进。高一新生入学后，随着教学的推进，他们中的很大一部分无法适应新教材，难以融入新课堂。为什么会出现这样的现象？

教育的目标是立德树人。学生是学习的主体，我们课改的主要对象是学生。如果学生对课改认识不清，家长对课改了解不够深入，我们之后的课改也就难以收到预期效果。这就要求对学生和家长进行大力宣传与培训。

首先，教师的积极投入与部分学生的被动学习形成鲜明反差。教师和学生对高效课改态度的差异足以说明学生对课改的认识还不够充分。

学校的培训虽改变了教师的教育理念与教学方法，但对学生的作用十分有限。很多学生还是被迫学习，疲于应付各科老师布置的任务，很少能主动学习。且学生的学习积极性差异极大。一部分学生积极主动地学习，一部分学生忙于应付老师，还有一部分学生"消极怠工"，跟不上课堂节奏，其学习效果可想而知。跟不上新教学方式的学生，其表现真实反映出他们的学习观念仍未彻底转变，仍然认为上课应该以教师讲析为主。学生的观念不改变，学习的自觉主动性自然不足，久而久之，自然会影响到成绩。所以，我觉得应当加强针对高一学生的培训，延长其培训时间，从观念上彻底改变其学习态度，进而让他们掌握新的学习方法。在这点上，我们可以向即墨二十八中学习。即墨二十八中的新生入学后，其培训时间长达半年，但这并不影响学生的学业。不仅如此，学生的成绩在同层次学校中名列前茅，这就是我们常说的"磨刀不误砍柴工"。高一新生的培训可利用开学前的时间进行。高一新生的开学时间本来就要晚一些，学校将这段时间利用起来，让部分学生提前参加入学培训。学生入学后又有半个月军训。把军训和课改培训结合起来，再用一个月的时间进行班级和小组培训，增进师生之间的相互了解。在培训期间，课程进度可适当放缓。只有这样，学生才能更快地适应这种教学模式。

其次，家长与社会的理解、支持不到位。

新政策的推广需要社会的广泛关注和支持。但我们的教育教学改革宣传力度还不足，我们的家长对这种改革的认识还不足，有的根本不理解甚至误解。很多地区基础教育阶段的教育方式依旧是传统的"满堂灌"，这种教学理念和模式早已根深蒂固。我们的教学改革忽略了高中之前的阶段，而仅从高中开始实施，这无异于盖楼房省去前两层，直接从第三层开始盖起，其难度可想而知。要想有效且长期实施教学改革，需要在全社会范围内加大宣传力度，需要在各个阶段的学校（小学、初中、高中）自下而上同时进行，需要各兄弟学校积极配合，需要对家长进行长期、有计划的培训。光靠个别学校"单打独斗"很难推进教改，闪电式的短期培训也很难改变人们的观念。当家长和学生有抵触情绪时，我们的高效课堂从何谈起？何况在这个竞争异常激烈的社会，还可能会出现我们最不愿意看到的情况：课改导致优质生源的流失。

为了获得家长的支持和社会的认同，我们可以想办法争取地方政府的支持，动用组织力量，对课堂改革进行宣传，让课改理念深入人心，以获得社会广泛的关注和支持。龙头课改学校可带领本地的其他学校进行大规模改革，并辐射周边，形成合力，使课改形成"燎原之势"。这样我们的课改才能取得成功。

最后，学校开设的各类培训班、兴趣班、特长班，举办的各种形式的模拟社会活动太少，学生尝到的"甜头"还不够。

高中生已经接近成年，应当具备一些参与社会实践活动的能力。他们能参与、会思考、有创造力，而大部分学校并未给他们提供一个有利环境。在这一方面，昌乐二中做得很好。他们每年会举办各种不同形式的社会实践活动，将学生的"读万卷书"与"行万里路"紧密结合起来，发挥学生的特长，让各个层次的学生都能在活动中受益。教育的根本意义在于改变人的命运。可能就是在这一次次的活动中，学生会对自己的人生价值重新进行思考，进而改变人生轨迹。当然，学校也要出台与之相应的评价体系，不应单纯以成绩的高低来评价学生，而应从多个方面给予学生综合评价，及时给他们鼓励，从正面引导他们，让成绩中等或较差的学生也能获得信心，从而去积极主动地学习。学校也可设立各种奖项，如创意奖、实践奖、绘画奖、遵纪奖、进步奖等，让每个学生都能及早发现自己的价值，发现自身的闪光点，培养广泛的兴趣，让自己有一技之长，从而真正实现教育目的。

教育教学改革不仅仅是教育部门或教育工作者的事。孩子是社会的未来，是我们教育的对象；家庭是基石，没有家长的支持，教育改革很难顺利推行；社会是教育改革施行的土壤，没有社会的关注，教育改革就很难长久推行。牵一发而动全身，只有学校、学生、家长、社会的紧密配合，教育改革才能长期有效地开展，并取得硕果。

"271 模式"的实施

——激情投入是关键

"271 模式"又称"昌乐二中模式""271 课堂法则",是一个高效课堂教学概念,也是一种科学的教学模式。所谓"271",即将 45 分钟的课堂按照 2∶7∶1 的比例划分为"10 + 30 + 5",要求教师的讲课时间不超过 20%,学生自主学习的时间占 70%,剩余的 10% 用于课堂成果测评。"271 模式"促使教师工作发生转变,变"备"教材、教法为"备"学生、学法,使学生动起来,课堂活起来,教学效果好起来,师生负担轻起来。最大限度地调动每位学生主动参与课堂的积极性,充分体现"我的课堂我做主"的理念。

构建"271"课堂教学模式,是为了增强课堂的实效性,把课堂还给学生,充分发挥学生的学习积极性和主动性,从而提高教学效率。然而,当我们实际深入课堂,会发现在实施这一课堂教学模式时很容易出现一个问题:模式化。所有课堂都采用同一个模式,时间久了,学生或多或少会感到厌倦。因此,昌乐二中的老师反复强调:我们有模式,但是不唯模式,我们一直在研究如何进行有个性的教学。

当然,昌乐二中是在给学生主动、自由学习选择权的基础之上,在学生已经可以不过多地依靠老师、不把学习的希望全部寄托在老师身上的基础之上,才开始追求更高境界。所以,我们现在亟待解决的问题,就是转变学生的学习观念,调动学生的学习积极性。那么,我们应该如何"改造"学生,让他们乐于接受"271"课堂教学模式及其相应的学习方法,并积极学习,投入其中?我们老师要懂得激情投入,在以下几个方面下功夫。

首先,要做好课前准备。三分钟决定一节课的好坏,这句话一点也没有错。只需要三分钟,就可以看出老师准备得是否充分,是否可以调动学生的学习积极性。一节课的成功与否,在某种程度上取决于教师课前的准备工作。导学案虽是现成的，但要想熟练应用却并不容易。要想在课堂上做到游刃有余，除了要了解学生，课前把握课堂内容，还要对问题的设置和生成做到心中有数。把课堂还给学生，让学生做课堂的主人，并不意味着老师无事可干。老师一定要做好"战场的总指挥"，"仗该怎么打"还是需要老师的"运筹帷幄"。所以，要顺利实施"271"课堂教学模式，老师的课前功夫要到位。不能照"导学案"宣科，更不能对课堂放任自流，课堂的张弛都应该掌握在老师的手里。

其次，老师的课堂激情必不可少。"用激情点燃激情"是昌乐二中老师的口头禅。课堂上若连老师都没有激情，学生的激情从何而来？要用老师的激情点燃学生的激情。没有激情的课堂是昏昏欲睡的课堂，这样的课堂，高效从何谈起呢？

再次，老师的课堂点评是课堂气氛必不可少的催化剂，也是老师调动学生学习积极性的有效手段，有助于突破教学重点难点。

最后，课后反馈是增强教学实效性的有效保障。"271"课堂教学模式要求教师有题必改、有改必评。要想保持学生的学习积极性，及时有效的评估必不可少。让学生及时尝到学习的甜头，他们才会更加努力地投入。反馈工作必须要在课后一定时间内完成，以免错过最佳时机。

整个课堂教学过程始终都需要老师的激情投入。老师的工作激情又从何而来呢？

首先，激情来自价值观，价值观决定了一个人的工作态度。这话听起来有点虚，却是真理。我们首先得弄明白工作为了什么。安身立命，养家糊口？这是肯定的，但工作不应该只是为了这些。想想我们的老师，每天工作不少于八个小时，再减去吃饭、睡觉的时间，我们还剩多少时间来享受生活、体验生命？倘若把工作仅仅看作养家糊口的必需品，那我们的人生该是多么悲哀！我们这样忙碌操劳，难道只是为了活着？其实，只要我们转变观念、摆好心态，就会发现工作本身就是一个享受生活的过程。虽然压力在所难免，但转念想想：活在这个世界上，谁没有压力呢？所以，激情投入每一天，不单单是为了工作，更是为了活着的价值和意义。吊儿郎当是一天，满怀激情也是一天，为什么不让这一天过得满怀激情、精彩夺目呢？

　　其次，老师的激情还来自合理的管理制度。合理的管理制度会带给老师正确的评价与积极的鼓励。当一个人努力了很久，却得不到任何喝彩之时，他就会懈怠。所有的人都曾是孩子，所有人的骨子里都有孩子的天性，喜欢被关注、被表扬，更喜欢被奖励。作为教育工作者，我们常说，好孩子是鼓励出来的。其实好老师又何尝不是呢？所以，学校应根据教学安排，制订合理有效的教师奖励办法。在激励的同时，应注意公平性。孔子的"不患寡而患不均"是最有道理的，如果管理制度不公平，那么团队竞争力就可能大打折扣。因为不公平的管理制度在鼓励一部分人的同时，也打击了另一部分人，且大部分情况是鼓励一小部分，打击一大部分。如果是这样，我们的团队还能充满激情、充满创造力吗？用一个死气沉沉、缺乏激情与创造力的团队来育人，后果可想而知。

　　所以，不论是学校还是老师，要想确保"271模式"的成功推行和实施，保持个人与团队的热情、激情是关键，只有这样，才能点燃学生的激情。我们要牢记：学生，才是这个教学改革战场上的主角，只有他们才能最终决定这场战争的成败。

也谈模式

——关于新课改反思

围绕"模式"的争论经久不息。新一轮课程改革开始之后,类似的问题也摆在了我们的面前。课程改革怎么改,以何种模式进行?大家各持己见,争论不休。我觉得,除了效仿衡水模式、昌乐模式之外,我们还应走出自己的模式。应持"有模式"而不"唯模式"的观念,走有"自己特色"的教学之路。

教育是最独特的行业之一,其最突出的特征就是主体和客体皆为有思想、有个性的活生生的人。模式则是经过长期的探索与总结而形成的较为固定的解决问题的方式方法。将相对固定的模式套入活生生的人的教育,岂不真成了丰子恺漫画式的"教育"?机械死板的模式只能教育出机械死板的学生。让这些思维严重被束缚的学生进入千变万化、日新月异的社会,他们连适应都难以做到,何谈创新?

既然教育的对象是人,是学生,我们就应该从学生的实际出发,选择适合他们的教学方式方法,而不能把"模式"固定化。

那么,具体来说,应该如何确定教学方式方法呢?

首先,应根据学科特点来确定教学方式方法。学科种类很多,从大的方面可分为自然科学和社会科学。学科不同,其特点也各不相同,同一学科内部的不同知识点也具有不同的特征。我们应该针对这些学科和学科内部知识点的差异,选择不同的教学方法。例如,在物理、化学等属于自然科学的科目教学中,我们可以适当多开一些实验课,以培养、锻炼学生的观察能力和动手能力;在历史、政治等属于社会科学的科目教学中,我们应该给足学生查阅资料的时间,多开展一些辩论活动,以培养他们的思辨能力。

其次,选择教学方式时还应顾及具体的课程内容。讲与不讲,讲多讲

少,讲深讲浅,学生怎么学,自主还是合作,探究还是讨论,都应由课程的具体内容来决定。

以语文学科为例,课文类型决定了课堂类型。遇到优美的散文,不妨让学生多读一读,如《荷塘月色》《故都的秋》,"以诵悟情",让学生以"美读"的方式领悟文章的主旨。像《赤壁怀古》这样的古代名篇也可采用这种办法。倘若老师逐字逐句翻译,那就是糟蹋了好东西,正如安如意在《思无邪》中所写:"像古文这样可意会不可言传的文字,一解释,就像风干了的尸体一样惨不忍睹。老师如果把什么都讲出来了,学生就一点思考的余地也不剩了。"

但如果遇到《纪念刘和珍君》这样的文章,老师似乎又不得不讲。倘若没有老师的引导,让学生自己理解文章,体会作者的情感和写作目的,那难度就太大了。这时,老师就应该充分发挥答疑解惑的作用,该讲的时候必须讲。

倘若遇上《林黛玉进贾府》《林教头风雪山神庙》这类古代名篇,老师则可借助先贤解读、名家评价或媒体资料来帮助学生理解文章。

当然,类似于《小狗包弟》《谈中国诗》等相对浅显、幽默风趣的文章,老师则可放开手脚,安排学生进行自主阅读理解。

同样的道理,在进行自然科学类学科的教学时,也可根据课程内容设计不同的课堂类型。例如:在进行高中化学必修一"氮的循环"单元教学时,"自然界中氮的循环"和"氮循环中的主要物质"这两部分中的知识点"氮的存在形式",可安排学生进行自主学习;但在讲授"氧化氮和二氧化氮"这一知识点时,则需要学生通过实验来认识氮氧化物的化学性质。在实验过程中,学生可通过观察、讨论、分析、总结,来认识氮的化学性质,从而了解氮在农业、工业等领域被广泛运用的化学原理。

最后,除了学科、课程特点之外,学生特点也是影响我们选择教学方式方法的主要因素。这一方面的因素可归纳为班级差异和学生个体差异两点。

国有国法,家有家规,班有班风。一个班的风气直接影响着班内大多数学生的学习状态、学习方法、学习能力和学习习惯。我们带两个或两个以上班课程的老师都会有这方面的感觉：同样的教学设计，同样的教学内容，在不同的班，以同样的激情投入教学，其教学效果和教学反馈往往大不相同。这在很大程度上是受了各班的班风影响。对于思维活跃却不注重基础的班，应着重巩固学生的知识基础；对于知识基础扎实却气氛沉闷的班，应鼓励学生积极参与讨论与交流。所以，教学模式与方法的运用不应"一刀切"，不能死板地用同样的方法来教基础不同、学习习惯不同、能力不同的班。同样地，在一个班内，我们也应尽可能地照顾到每个学生的个性发展。应以不同层次的标准来要求学生，对每一个学生都应有不同的发展要求，使所有学生都有所收获，有成就感。这样才能让学生的个性得到发展，能力得到提升。

模式是死的，人是活的。将死的模式生搬硬套在活的人的教育上，无异于刻舟求剑，闹笑话事小，耽误学生的发展事大。

敢问路在何方?

> 不管白猫黑猫,捉到老鼠就是好猫。
> ——题记

看了全国各地优秀的教学模式,突然想到人们伐木时的情景。伐木的工具和方法很多,目的都是把树砍倒,但具体该用什么工具呢?斧子?锯子?手拉的?电动的?是多人合作还是独立完成?倘若身在原始森林,我觉得拿一把斧子是最合适不过的,因为斧子不仅可用来伐木,还可用来开路。

就教学模式而言,不论是昌乐二中的"271"模式,还是洋思中学的"先学后教,当堂训练"模式;不论是杜郎口中学的"10+35"模式,还是沈阳市立人学校的"124"模式,都是针对当地不同的学情,经过长期的摸索实践总结出来的经验。对我们老师来说,课改就像摸着石头过河,要根据实际情况,将合适的模式运用到我们的课堂教学之中,生搬硬套是肯定不行的。

那么,针对学生的实际情况,我们应该如何进行改革呢?

我认为,应该学习别人,自成一家。

纵观各种模式,让学生动起来是其共同点。如何让学生积极主动地学习,这可是技术活,需要老师过硬的"技术"。就这一点,我不再赘述。这里仅就以学生合作为主要指导思想的小组式管理来谈谈我的看法,以供交流。

从2009年起,我开始在所带班进行小组式教学的试验。根据本班的具体情况,将全班学生分为若干小组,每组6~8人。学生的课堂表现和作业均以小组的形式进行评价,每2~3周进行一次总结评比(由于实际情况的限制,往往每4周才进行一次)。评比内容如下表:

小组式教学总结评价表

组	评比项 组员	课堂作业				家庭作业				作　文				课文 背诵默写				上课 回答问题				个人积分				小组积分		
		优	良	中	差	优	良	中	差	优	良	中	差	优	良	中	差	优	良	中	差	优	良	中	差	优	良	中	差

注：考试成绩计入个人积分，作文分数按比例折算；个人平均分加小组积分为小组总分；结算个人积分时，小组分数也计入个人分数之中。

小组学习更注重课堂信息的及时反馈，且涉及很多管理与监督层面的东西。

小组长需负责日常检查、课堂记录、备案等事务，老师则需进行课堂评价与信息的及时反馈。这种课堂模式要求老师在课后完成大量工作。学生成绩的评估核算，奖励办法的制订，都需要形成一个体系，稍有不慎，评价就会有失公允，严重打击或挫伤学生的学习积极性。我认为，如果将小组管理纳入班级管理之中，效果会更好。这样各门功课就可以形成一个互补或比较的态势，既有助于迅速提高学生的综合能力，又有利于班级管理，便于各科老师及时、准确地把握学情，调整学案，制订更符合学生实际情况的教学目标。

教学模式有很多，就好比伐木的工具和方法。哪一种更有效？我不知道。我只知道实用的方法最有效。如果世界上真的存在一种最好的模式，我们却拿不来，或拿来了不会用，或用而无效，那么再好的模式也只是纸上谈兵。通过试验，我认为小组式管理是一种较为有效且实用的学习管理模式。

对比各地的先进模式，还能发现一条隐藏信息，那就是不论选用哪一种模式，都增加了教师的工作量。就拿我的小组试验来说吧。任何一次检查、评比，我都要认真完成，否则就很难保证评价的公允。这给我增加了很多工作量。课堂上，老师看似轻松了，可实际上老师课外的任务更重了。这就要求老师有足够的热情和激情，要全身心地投入，否则任何模式都很难实施，更不要说见效了。

说到教学模式，在这里我想再谈一谈语文与作文教学模式的改革。语文教学是教学难点之一，就好比很多地方的植树工作，植得多，死得多，年年植树不见树。学生天天写作文，老师日日改作文，但效果如何呢？不得而知。同样水平的作文，写十篇与写一篇有何区别呢？同样错误犯十次，老师改十次，有何益处呢？就像网上流行的一句话：犯错误不可怕，改了咱再犯。很多人都在探索作文教学的改革路径，但具体怎么改呢？与我的小组模式教学同时进行的是学生组内作文互评互改的试验，很多语文老师都在试验这种方法。让学生自己发现问题，解决问题，打造学生自己的作文精品，改"学生的写，老师的改"为"学生的写，学生的改"。老师对学生进行面对面的作文指导，这样更有利于其作文水平的提高。我曾在一篇论文《作文面改益处多》中提到，把老师从繁重的"改"作文中解放出来，真正实现老师"导"的作用。我猜大多数语文老师是不愿意这么做的，一是学校规定的作文批改量难以完成，二是面改会让老师真正感受到什么是"呕心沥血"，实在是很辛苦。但是说句良心话，效果真的很不错。所以说，做教师是一个良心活。我建议学校适当减少老师的作文批改量，鼓励老师从"质"上下功夫。

以上是我的一点小建议，不成系统，见笑了。我就套用一句话：洋模式，土模式，实用才是好模式。新课程改革的路在何方？摸着石头过河，脚踏实地，路就在脚下。

群文阅读下学习理解能力提高的探究

群文阅读是一种以"一篇带动多篇""主题阅读"等形式为主的阅读教学模式，相对"单篇"而言，是一种以一个意义点为核心，将事物各部分联系在一起进行组合、聚合的阅读方式，是一种结构化阅读。这种阅读有助于打造立体、紧致的课堂结构，发展学生的系统思维、创新思维和批判性思维。群文阅读可以从辨识与提取、比较与整合、评价与反思、应用与创意等多个方面来培养学生的关键能力。

相关调查显示，学生对阅读活动十分感兴趣，但现实问题是学生的阅读量远远不足，而课外阅读量的不足会直接影响课堂教学的质量。在授课过程中，令语文老师感触最深的是学生的知识面太窄，看的课外书太少，很多问题无法交流。

学生的阅读量不足，是造成其理解能力难以提高的首要原因。但是，让学生在短时间内迅速增加阅读量显然不切实际。我们可以通过整合小学、初中、高中的阅读文本，循序渐进、由浅入深地培养学生的理解能力。

人是很容易遗忘与忽视所学知识的，而高中生在其理解能力与思维能力形成发展的过程中，容易"重眼下，轻过去"，忽视小学、初中基础教育阶段学过的知识与内容。所以我们可以引导学生回头再学习，温故而知新。

首先，这些"故"文，是学生从前所读、所学的文章，现在回顾，可以节省大量阅读时间。

其次，入选教材的文章，无一例外是精品中的精品，具有代表性和示范性。从这样的文章入手，学生可以举一反三，快速提高阅读理解能力。

最后，同样的文章，学生在不同的学习阶段阅读，其感悟也是不同的。高中生回头再读小学、初中的文章，会有更深的感悟，这也有利于学生阅读能力的提高。

语文老师将这些文章重新整合之后，引导学生进行比较性阅读与学习，可有效拓宽学生的阅读面，增加学生的阅读量。在比较中，引导学生感受作品的异同，多方位、多角度分析作品特色，以提高学生的阅读理解能力。根据学生的身体发育和思维发展规律，在不同的学习阶段，我们为学生选择的文章内容和对学生的学习要求也不同。例如：小学一年级所学的古诗《静夜思》，学习目标是掌握生字，理解"疑""思故乡""举头"的含义，体会诗中意境，有感情地朗读、背诵全诗；而小学四年级所学的《黄鹤楼送孟浩然之广陵》就比较难了，要求学生在原有识字、背诵的基础上，理解诗文内容，体会朋友之间的友情和依依惜别之情，激发对祖国诗歌的热爱之情。

各个学习阶段的教学要求不同，学生的学习重点不同，感悟点自然也有差异。对于所学作品，最初只是大体了解其内容，之后也仅是从某个角度进行赏析，而不是对其进行全方位解读。到了高中，我们就可以整合已有资源，遵循由易到难、由浅入深的原则，重新对其进行排列。在学习上，我们可以提出新要求，从多个角度解析文本，引导学生对文本进行分析与鉴赏。这样，我们就可以充分利用已学作品，并与之前的学习进行对照，引导学生多角度地对文本进行再学习与再认知，这样做能够最大限度地激发学生的阅读兴趣，最终提高其阅读鉴赏与理解能力。

充分利用已学内容，通过"旧文""故文"读"新文"，来得"新意"。这不仅为学生节省了时间，而且弥补了学生课外阅读量的不足，可快速提高学生的阅读能力。

和其他群文阅读一样，课本文本的整合阅读也要突出群文的统一性和多样性。从文学的统一性来看，同一作者作品的对比性学习，重点在于异中求同，可做筛选、归纳，形成一种涵盖所有作品的共同认识，有利于提高学生的归纳能力；从文学的多样性来看，同主题作品的对比性学习，重点在于同中求异，可提高学生的分析、辨别及个性化阅读能力。

首先，通过分类、归纳和总结，提高学生的阅读能力。群文阅读是一种新兴课堂教学方式，也是提高学生阅读能力的有效方法，其发展潜力和发展空间巨大，教学效果极为显著。

其次，教师在教学过程中，应根据学生的需求，为学生制订下一阶段的群文阅读方案。群文阅读对学生的学识累积有一定要求，并不适合所有阶段的学生。在教学中，教师应明确学生需求，制订适合学生的群文阅读方案，以提高学生的阅读水平和阅读思维能力，促进学生的全面发展。

最后，教师在教学中，应做好相应的拓展指导。学生的语文学习主要通过课本进行，但又不能局限于课本。教师应适当进行一些文本知识的延伸，拓宽学生的知识面，让学生了解并掌握更多、更全面的知识信息，从而提高学生文本分析的完整度。

第三辑 课文孔见

曾皙何以敢鼓瑟

《子路、曾皙、冉有、公西华侍坐》讲的是孔子问"志",而各弟子"言志"。其中一个弟子曾皙在其他同学"言志"之时,居然在鼓瑟!然而这一行为不仅没有遭到孔子批评,反而被大加赞扬。孔子在众弟子面前表明自己的立场:"吾与点也。"为什么会是这样呢?即使是现代的开放式课堂,也很少会允许在非音乐课上鼓瑟。那么,曾皙为什么敢鼓瑟呢?

要回答这个问题,我们必须先谈一谈中国古代的"乐教"思想。

在中国传统文化中,先王制礼乐的目的是帮助人收敛、控制自身过分的情欲。"是故先王之制礼乐,人之为节"(《乐经》),"乐,所以修内也;礼,所以修外也"(《礼记》)。"礼""乐"都是用来修身、齐家、治国、平天下的。从这个角度来看,"礼"与"乐"的功能是相同的。曾皙表面上是在鼓瑟,实际上也是在学习,也是在言志,与其他同学无异。相比之下,曾皙的行为更能体现孔子"礼乐治天下"的理想,所以孔子并不会批评他。

首先,中国古代音乐的精神是"和、静、乐、仁爱、道志、情趣"。曾皙的所为应是"道志",紧扣孔子"问志"的课堂主题。曾皙的思想并没有游离于课堂之外,而是一种更高层次的学习,所以他敢鼓瑟。

在孔子看来,"兴于诗,立于礼,成于乐",先"礼"而后"乐"。"乐"是更高层次的追求,是建立在自知自觉基础之上的道德修养与气质养成。所以,孔子认为曾皙并不是坏学生,反而是优秀生、拔尖生,是重点培养的对象。

其次，曾皙在课堂上所奏之乐定是雅乐，较为清雅、平和。先秦哲人认为"声和—心和—人和—政和"，《左传》也记载"心平德和"。因此，孔子听到曾皙的乐声之后，就应该知道了他的志向。优雅的乐声代表了曾皙"和"的境界，透露出他的心声（志向）。孔子让曾皙说出来，只是为了让答案更加一目了然，让其他同学明白而已。所以，曾皙说与不说，都不重要，因为孔子已经明白他的意思，肯定会说"吾与点也"，因为曾皙所奏的"静和"的雅乐与所说的"暮春出行图"都正好与孔子的理想、愿望相契合。

孔子所处的春秋末期，礼崩乐坏，战乱不休，"天下无道，则礼乐征伐自诸侯出"。孔子渴望"天下有道"，天下太平，所以积极奔走于各诸侯国之间，希望国君能施行"仁政"，用"礼乐"治国。而曾皙所描述的"暮春出行图"恰好反映了孔子的理想。这样的大同世界、太平世界，肯定不是通过"征伐"而创造的。只有通过"礼""教化""仁政"，天下才能太平，人民才能安居乐业，曾皙口中其乐融融的景象才有可能出现。

曾皙因有宁和、平静、淡泊、高雅的志趣，才能奏出这优雅的音乐，并通过乐声道出内心的远大志向；而孔子则能通过音乐感知曾皙的心声，用对待曾皙的态度来表明自己的理想。

触摸这一段两千多年前的有温度的谈话，聆听先哲的教诲，见微知著。微言大义，字字珠玑，这使得《论语》在几千年后依然熠熠生辉。

心灵家园的守望者：陶渊明

——《饮酒》赏析

生活在繁华喧嚣的都市中，人们很难找到一个安静的、能让灵魂歇息的地方。于是，脱去一身的尘土与浮躁之后，我和星星躲进小楼，去直面心灵家园的守望者——陶渊明，去他那栽满菊花、鸡鸣犬吠的田园净化我的灵魂，去感受"心远地自偏"的怡然之乐。

阅遍陶渊明的二十首《饮酒》，一眼便看中"结庐在人境，而无车马喧"。生活在东晋的陶老先生就已经感觉到"人境"虽繁华但无车马喧闹，更何况我们呢？诗中一个"而"字让人心有所思，为何陶老能身处人境之中而不感人境之"嚣"呢？

"问君何能尔，心远地自偏"。这大概就是大师之所以为大师的原因吧！佛家有一个故事：两个僧人争论"一幡"为何而动，一僧云"是为风动"，一僧云"是为幡动"。后二人问一大师，大师曰："既非风动，亦非幡动，仁者心动耳。"这一观点在我们今天看来虽是典型的唯心主义，但它给了身处乱世的陶渊明一个理由，让他能为自己搭一处心灵的归宿，不是吗？"心远地自偏"，倘若能够远离物欲，远离名利，心灵平静恬淡，那么繁华、浮躁、纷扰的世俗又能奈我何？只有恬淡而平静的心灵才能体会到悠然自得的乐趣。简陋的屋舍、盛开的菊花、悠悠的远山、迷蒙的雾气、竞相回家的飞鸟——好一幅"采菊东篱下"的田园美景，好一种"悠然见南山"的恬淡心情！此情此景此境真是难得。一个"见"字，让此诗于朴实之中见华彩，毫无斧凿之痕，正如唐顺之在《答茅鹿门知县书》中所说："陶彭泽未尝较声律，雕文句，但信手写出，便是宇宙间第一等好诗。"陶渊明以与自己心境相合之景入诗，既有客观实景，又有意中之景，这使得自然景物都流露出诗人的主观感情。无怪乎王国维在《人间词话》中将此句评为"无我之境"，并进一步点明"无我之境，以物观物，故不知何者为我，何者为物"。

陶渊明运用白描及写意手法勾勒景物之后,"点燃"环境,以一种特有的理趣,将具体的景物与自身真挚的感情有机结合在一起。"山气日夕佳,飞鸟相与还。此中有真意,欲辩已忘言",将情、景、理相融合,把人们引入更高、更深远的境界。

陶渊明生活于公元365年至427年,时值东晋末年,社会动荡,政治腐败,阶级矛盾尖锐,国无宁日。他从小受家庭和儒学影响,胸怀"大济苍生"之志,欲为国家效力,成就一番事业。但同时,他又受佛教、道教思想影响,喜田园而不喜政治。后为生活所迫,他"投耒去学仕",三次出仕。晋孝武帝太元十八年(公元393年),陶渊明任江州祭酒,后"不堪吏职,少日自解归"。隆安四年(公元400年),36岁的陶渊明再为荆州刺史桓玄的幕僚,任军职,后有感于政局纷乱,再次隐归。元兴二年(公元403年),陶渊明第三次出仕,先后出任镇军将军刘裕的参军、建威将军刘敬宣的参军。41岁时,他因"耕织不足以自给"而做了彭泽令,在官八十余日,因不肯束带见郡督邮,"不能为五斗米折腰向乡里小儿",即日解职归隐。归隐之后,他安贫乐道,清贫自守,独善其身,坚守独立人格,为自己建造了一个自然、恬静的精神家园。

面对这位在职仅八十日的彭泽令,面对这位了却尘世烦恼的世外高人,面对陶渊明的高尚灵魂,面对缘他而生的世外仙境——依依的炊烟,袅袅的雾气,岚气迷漫的山峦,暮色中欢快的归鸟,我这颗浮躁的心突然沉静下来——真的,这是从来没有过的平静。繁华的都市,忙碌的身影,诱人的名利,一切都被陶渊明拒之门外。而我——这个寻找心灵家园的流浪者,也被他收留,被他接受。我衷心感谢这位心灵家园的守望者,感谢这位为我的灵魂指点迷津的高人。

讲析《桃花源记》，渗透思想教育

思想教育是重要的教学目的之一，因为教师不仅要教给学生知识，还教会他们做人。培养学生高尚的道德情操，使他们形成正确的价值观和积极的人生态度，是语文教学的重要内容。落实到具体教学中，教师应该注重熏陶感染、潜移默化，要善于从各教学环节和知识要点中挖掘潜在的思想品德教育因素，将其与学科内容有机结合起来，并贯穿于日常的教学过程中。

中学语文课本中有大量古文，其内容所占比例高达三分之一，所以学习古文非常重要。浩如烟海的古代典籍是中华民族智慧的结晶，而能够入选教材的古文更是精华中的精华，是无数智者先贤的思想硕果。因此，引导学生理解古文中所蕴含的思想精华，继承中华民族的传统美德十分重要。教师在为学生传授知识的同时，也应注意对古文隐藏信息的挖掘，以达到"育人"目的。这里以《桃花源记》教学为例，具体谈一谈如何在语文教学中渗透思想教育。

《桃花源记》是东晋著名田园诗人陶渊明的代表作之一。文章虚构了一位渔人发现并进出桃花源的经历，表达了诗人对自然恬淡生活的追求和对天下太平的渴望。在讲析这篇文章的过程中，我们可以"为何只有渔人发现桃源"为问题导向，对学生进行思想教育。

在文章的第一段，有一句"渔人甚异之，复前行，欲穷其林"。我们可以对这个"异"字进行分析。渔人"异之"是说渔人感到奇怪，强烈的好奇心驱使他要将桃林踏遍。这告诉我们，只有保持强烈的好奇心，才能比其他人有更多的发现。

接下来，渔人进行了更为深入的探"险"活动。在强烈好奇心的驱使下，他找到了桃源的洞口。若是其他人，遇到一个"仿佛若有光"的小口会怎么办呢？会不会进入这个"小口"？会不会思前想后，考虑这"小口"

中万一有蛇蝎该怎么办？这就是渔人之前没有人发现桃花源的又一个原因。渔人有大无畏的勇气，有勇于尝试的精神，所以他才敢于踏出这一步。倘若我们在寻找"为什么"答案的过程中缺乏这种精神，没有勇往直前的气魄和干劲，那么这个"为什么"也可能永远只是个"为什么"了。

渔人进入小口之后，发现"初极狭，才通人"。如果渔人在此时退缩，就不可能发现桃花源。但他选择了坚持到底，没有退缩，这才有了之后的"豁然开朗"与传奇经历。这又告诉我们：不论做什么都应坚持不懈，这样我们才能比别人收获更多；否则，我们也会像其他半途而废的人一样，与"桃花源"无缘。

许多古文中都隐藏着丰富的信息，"横看成岭侧成峰"。希望我们教师在教学活动中，也能像渔人一样，引导学生发现一个又一个"世外桃源"。

《装在套子里的人》与《变色龙》的比较性学习

契诃夫是 19 世纪后期俄国最伟大的批判现实主义大师之一。他的作品往往在平凡处饱含辛辣的讽刺,通过描写平凡的小人物和小事件,反映一定的社会现实状况。

《装在套子里的人》与《变色龙》都是契诃夫的短篇小说,分别入选高中和初中的语文课本。两篇小说所呈现的背景并无多大区别,都讲述了在 19 世纪末沙皇严酷的统治与苦闷、压抑的社会环境下发生在小人物身上的故事,只不过故事不同,人物命运不同罢了。所以,在引导学生分析课文《装在套子里的人》时,如果能让学生回忆起《变色龙》中生动形象的环境描写,我们就没有必要将故事背景生硬地介绍给学生。"商店和饭馆的门无精打采地敞着,面对上帝创造的这个世界,就跟许多饥饿的嘴巴一样;门口连一个乞丐也没有",这样的环境描写,足以展现当时社会的萧条、衰败。沙皇专制的腐朽没落激起了民众的反抗,他们要求进行社会变革。为了巩固腐朽统治,沙俄警探密布,告密者盛行,这就有了我们的两位主人公"套中人"别里科夫和"变色龙"警官奥楚蔑洛夫。他们俩都为沙皇的统治服务,其身份、地位具有一定的可比性。

首先,《变色龙》的主人公警官奥楚蔑洛夫虽然地位不高,但也是沙俄统治阶级的一分子,至少他还有叶耳德林这个随从。别里科夫就不同了,他是"平凡老百姓"中的一员,但他又与其他"老百姓"不同:他害怕新生事物,惧怕社会变革;他忠于沙皇,但又不同于奥楚蔑洛夫——他只是统治者置于人民中的一个窃听器,监视着人民的一举一动。这说明沙俄的统治已无法光靠宪兵制度来维持,而需要在言论、行动、思想上更加严酷地控制、压迫人民。这种背景催生出了像别里科夫一样怕别人告密而自己又忙于告密的"套中人"。如果说奥楚蔑洛夫是沙俄统治阶级的一条走狗,别里科夫就只能算个爬虫。

其次，奥楚蔑洛夫有宪兵制度为自己撑腰，他可以穿着军用大衣趾高气扬地穿过广场；而别里科夫却不能享受这种待遇，他只能在人们的哄笑声中灰溜溜地回到自己的套子之中。一个无依无靠的丧家之犬焉有不惧怕之理？所以，他整夜做噩梦，他追求的爱情在哄堂大笑中结束，他所惧怕的新事物不断出现，他试图干涉别人的生活，却又无法主宰自己的命运，最后只能悄然死去。相比之下，奥楚蔑洛夫的形象除了可恶可憎，还多了一些可笑；而别里科夫则多了一些可怜。

再次，《装在套子里的人》与《变色龙》的人物形象都取材于社会小人物，都通过戏剧性的情节来塑造人物形象。不同的是，《变色龙》通过描写奥楚蔑洛夫在处理"狗咬人"事件时见风使舵的态度，活脱脱地勾勒出一个毫无尊严的势利小人的丑恶嘴脸；《装在套子里的人》则是截取了"套中人"的多个生活细节，着重描写了他的婚姻悲剧，将其可憎而又可悲的一生以喜剧的形式再现，突出表现了"套中人"孤僻、胆小怕事、惧怕变革的性格特点。

最后，两篇小说的语言都非常幽默，具有强烈的讽刺意味。不同之处在于，《变色龙》主要通过细节描写来突出人物专横跋扈、趋炎附势的形象特点，而《装在套子里的人》则直接通过对主人公性格、行为的夸张描写来凸显讽刺的艺术效果。

总之，在讲授《装在套子里的人》时，可引导学生回忆《变色龙》一文。通过对比性阅读，学生既能了解契诃夫的写作特点，明确文章的写作背景，又能够迅速找准别里科夫这一人物形象的定位，更为深刻地认识这一可恨又可悲的可怜虫形象。这种教学方法有助于帮助教师突破教学难点，帮助学生轻松学习课文。

让情感带路

——《报任安书》难点突破

《报任安书》是被选入统编版高二语文选择性必修课本的一篇书信散文,历来被看作研究司马迁生平与思想的重要依据,古人视其为天下奇文。司马迁在《报任安书》中记录了《史记》成书的原因、过程,并表明了自己的人生观和价值观,长久郁积在心中的悲愤亦借此文喷薄而出。孙执升在《评注昭明文选》中谈道:"史迁一腔抑郁,发之《史记》,作《史记》一腔抑郁,发之此书。识得此书,便识得一部《史记》,盖一生心事,尽泄于此也。"可见,学习《报任安书》对整个《史记》单元的学习具有十分重要的意义。作者在写作此文时,内心充满矛盾与痛苦,这种感受是极其复杂的。时而激动,时而悲伤;时而高昂,时而低沉。故行文也时而慷慨激昂,时而如泣如诉;时而旁征博引,时而欲言又止。正因如此,我们也可以通过此文体会作者的思想感情,同时认识司马迁其人,了解《史记》成因。这也是本文的学习难点。剖析文章、理解作者情感对我们把握文章内容、突破难点有至关重要的作用,所以不妨让情感带路,走进司马迁的内心世界。

《报任安书》写于公元前91年,是司马迁写给好友任安的一封回信。任安因事入狱,被判腰斩,于是写信给司马迁,希望司马迁利用在汉武帝身边任职的条件,"尽推贤进士之义",为自己说情。弄清司马迁对朋友的态度,是我们学习此文的第一步。

司马迁在文章第一段用"若望仆不相师,而用流俗人之言"委婉地表明了自己的态度,之后再没有多少感情的流露,仅在最后一段再次含蓄而又无奈地解释了自己无法"推贤进士"的苦衷,感情沉痛、悲愤。所以,我们只要对文章的最后一段进行解析,就能更快、更顺畅地进入司马迁的内心世界。文章的最后一段提到"且负下未易居,下流多谤议",说明自己虽在汉武帝身边任职，但地位卑贱，人微言轻，说与不说，都于事无补。"仆以口语遭遇此祸"一句饱含沉痛之情，更有愤懑之意。"重为乡党所笑，以侮辱先人，亦何面目复上父母之丘墓乎？"此句再次抒发羞愧难当之情。文章读到这儿，学生或许会感到疑惑：身在以"士可杀不可辱"为价值取向的年代，司马迁作为堂堂史官，为何会"隐忍苟活"呢？"身直为闺阁之臣，宁得自引深藏于岩穴邪？"他为何不隐居呢？"故且从俗浮沉，与时俯仰，以通其狂惑。"原来，他活着是为了"通其狂惑"，展现自己的狂放与悲愤。那他又是如何"通其狂惑"的呢？"书不能悉意。"作者在信中写了哪些"意"呢？从这些问题入手，我们就可以顺利找到文章的情感突破口。现在，我们将这些情感以及由此引出的问题归纳如下：

作者为何因"口语"而遭祸？他遭了什么祸？

作者受此奇耻大辱，为什么没有自裁？他为什么要"隐忍苟活"？

作者是怎样抒发其内心悲愤的？

作者不救任安的苦衷是什么？

作者自述"书不能悉意"，在信中他表达了哪些"意"呢？

读完最后一段，我们再回头梳理一下第一段中作者的感情，就会发现仅第一段就包含了作者的愤懑之情、悲痛欲绝之情、沉痛耻辱之情，以及无法营救好友的无能为力之感。

我们只要围绕这些感情基点，围绕上述五个问题来学习文章的中间部分，作者的思路就会一目了然，课文难点也能轻松突破了。

文章第二、三段叙述了作者为李陵下狱鸣不平的经历。司马迁遭祸的原因居然是秉公直言，可见其冤之深，亦可见其怨之甚。遭祸后司马迁被施以"宫刑"，其耻辱难以言表。他之所以"忍辱"，是为了"负重"。"人固有一死，或重于泰山，或轻于鸿毛"，他选择了前者，即使死，也要死得其所。"所以隐忍苟活，幽于粪土之中而不辞者，恨私心有所不尽，鄙陋没世，而文采不表于后世也。"受辱不死，是为了"文采表于后世"，"故述往事，思来者""以舒其愤，思垂空文以自见""亦欲以究天人之际，通古今之变，成一家之言"。司马迁著书，以言其志，以言其愤，为情而造文。

《报任安书》一气呵成，或叙或议，是带着血泪、充满悲愤的控诉，也是抒情诗化的最强音。文章以"受辱—隐忍—完成伟大事业"的思路抒情、言志、表态。第二、三段的分析最终又归于第四段。在此，让我们用清代文艺理论家包世臣的话来结束对《报任安书》一文的思路整理与重点解析：

窃谓"推贤荐士"非少卿来书中本语。史公讳言少卿求援，故以四字约束书之意，而斥少卿为天下豪俊以表其冤。中间述李陵事者，明与陵非素相善，尚力为引救，况少卿有许死之谊乎？实缘自被刑后所为不死者，以《史记》未成之故。是史公之身，乃《史记》之身，非史公所得自私。史公可为少卿死，而《史记》必不能为少卿废也。结以死日是非乃定，则史公与少卿所共者，以广少卿而释其私憾。是故文澜虽壮，而滴水归源，一线相生，字字皆有归著也。

浅析"希望其有,希望其无"

——也谈祥林嫂之死

学生时代,对课文《祝福》最深的印象,就是课本前的那一幅插图。那是印在白纸上的、以黑色为主色调的图,使人物头上的白发和脸上的沟壑更加显眼,因而使人物显得更加苍老。对于祥林嫂的死,当时的我就像文中的短工一样,对此漠不关心,也不愿去深思。我觉得短工说得很对:"怎么死的?还不是穷死的?"心情也正如"他淡然的回答"。直到后来,我成了语文老师,在为学生讲授《祝福》时,祥林嫂再次出现在我的眼前。她那"消尽了悲哀的神色"和"间或一轮"的眼睛总让我感到不安,这使我不得不重新思考那个让我闲置了多年的问题:祥林嫂是怎么死的?

《祝福》提到,当"我"回到鲁镇时,祥林嫂"五年前的花白的头发,即今已经全白,全不像四十上下的人"。由此可知,祥林嫂死时也就四十上下。在一般人看来,四十上下的人应是壮年,而不应是风烛残年,所以祥林嫂不至于就在问完"我"问题的当晚或第二天猝死。文中有一个细节,当祥林嫂问"我"灵魂有无的时候,"她那没有精神的眼睛忽然发光了"。由此可见,她也不像一个将死之人。但她为何偏偏在天地圣众"预备给鲁镇的人们以无限幸福"的时候死去,惹得鲁四老爷大骂她是"谬种"?"我"的回答与她的死究竟有没有关系?文中有一处让人深思:当祥林嫂问及灵魂有无的时候,"我在极短期的踌躇中,想,这里的人照例相信鬼,然而她,却疑惑了,——或者不如说希望:希望其有,又希望其无……"一开始,她希望灵魂存在。对生已无望的祥林嫂而言,她只能将诸多情感寄托于死后。活着,她会受到鲁四爷、四婶、卫老婆子、柳妈,或许还有阿Q、孔乙己这些人的鄙薄;而死后,她可以和家人团聚,特别是可以和她念念不忘的儿子阿毛相见——对这个受尽人们鄙夷与唾弃的乞丐而言,这算得上是希望了。而柳妈的话,将这个对活着已无望的农村妇女再一次推入恐惧的深渊。"你想,你将来到阴司去,那两个死鬼的男人还要争,你给了谁好呢?阎罗大王只好把你锯开来,分给他们。我想,这真是……"柳妈没有说完的话,给了祥林嫂无穷无尽的恐惧,让她在活着无望的时候,连死的决心也动摇了。而"我"的到来,让她终于下定决心,以死来表示对命运的反抗。

　　在《祝福》里,"我"是鲁镇唯一见过世面的人,祥林嫂认为"我"是"出门人,见识得多"。"我"是与众不同的,是她认为有希望解开自己疑惑的人。而"我"对灵魂有无的不确定,加速了她的死亡。对她而言,活着是难以忍受的煎熬,是无尽的苦难。她最终的命运,不是饿死,就是冻死。死后,她有可能见到自己日夜思念的阿毛,虽然可能会被锯成两半,但毕竟比任何希望都没有的人世要好啊!活着的人世竟比死后的地狱更可怕!活着,倒不如死去,人世间的悲哀莫过于此!鲁镇的悲哀就在这里,鲁迅心中的悲哀也藏在祥林嫂无尽的悲哀之中。

　　终于,祥林嫂带着人世间的悲哀,怀着灵魂有无的疑问和莫大的恐惧,选择在"天地圣众歆享了牲醴和香烟,都醉醺醺地在空中蹒跚,预备给鲁镇的人们以无限的幸福"的日子,主动结束了自己的生命。

　　一个人生无可恋,希望早早死去,这是多么悲惨的事情;而死也不能成为解脱,这又是多么可怕的事情。如果说希望是能给人带来美好前景的事物,那么为何祥林嫂的希望却让她在期待而又恐惧的矛盾中死去?真是令人唏嘘不已。这种"希望"让人印象深刻又发人深省。

析英雄座次，看楚汉战争

——《鸿门宴》精点精析

《鸿门宴》是《高中语文·必修二》的一篇古文，选自《史记·项羽本纪》，所讲的故事发生在公元前206年。公元前209年，陈胜吴广起义，项羽、刘邦也随之先后举兵。之后，义军逐渐发展为以项羽、刘邦为首的两大军事集团，这两大军事集团之间进行了长达四年的"楚汉战争"。这场战争就在"鸿门宴"中拉开了序幕。

课本节选了曹无伤告密、项伯夜访张良、刘邦赴宴及全身而退后诛杀曹无伤这一部分内容。虽是节选，但故事情节相对完整，篇幅较长。如果按照传统的授课方式，从情节入手，循着故事的起因、经过、发展、高潮、结局来讲的话，不仅需要很长时间，而且难免会将主要精力放在对课文疏通与字词分析上。这样的讲解既难以突出人物形象，又会影响学生对"鸿门宴"上刀光剑影、杀机四伏的紧张气氛的感受。这样一来，学生就无法感受到备受赞誉的《项羽本纪》的魅力。所以，我们在讲析课文的时候，不妨抓住重点，精讲精析，直击文章主题：沛公鸿门赴宴。

在课堂上，可先由"醉翁之意不在酒"引出同义成语：项庄舞剑，意在沛公。再根据成语设置问题：鸿门宴是一场怎样的宴会？设宴者是谁？赴宴者又是谁？为何设宴？宴会结果如何？利用问题引导学生直接学习文章的精彩部分。结合课文注释，学生不难在课文中找出答案。然后，重点引导学生分析鸿门宴上各英雄的座次，一窥楚汉战争的必然性。

按照古代礼仪，帝王与臣子相对时，帝王面南，臣子面北；主宾相对时，宾东向，主西向；长幼相对时，长者东向，幼者西向。宴席中宾主的座次，以东向最尊，南向次等，再次为北向，西向为侍坐。显然，在鸿门宴上，项羽是主，刘邦是客。按照礼仪，刘邦应该东向而坐，但在宴会上"项王、项伯东向坐；亚父南向坐，——亚父者，范增也；沛公北向坐；张

良西向侍。"项羽、项伯是首席,范增次之,再次是刘邦,张良则为侍坐。如下图:

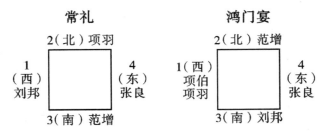

对比分析上图,可得出三点:第一,项羽对刘邦的态度是轻蔑与侮辱。鸿门宴上,刘邦北向而坐,在座次上甚至不及项羽的谋士范增。这就足见项羽对刘邦的小觑。第二,项羽、项伯同座,可见项羽对项伯的敬重与信任。第三,在项羽眼里,忠心而有远虑的范增不如告密的项伯,这就为宴会上项羽对范增的示意置之不理埋下了伏笔。

由此不难得出结论。首先,项羽骄傲气盛,目中无人。当时项羽拥兵四十万,刘邦十万,二者力量悬殊。加之项羽击败秦军主力部队,各路诸侯都听命于他,承认他的"霸主"地位。这使得项羽并不把刘邦放在眼里,也为他今后的悲剧性结局埋下伏笔。项羽轻信项伯。在宴会上,范增多次示意他杀掉刘邦,他都不理会。范增见他"为人不忍",便让项庄舞剑,欲乘机杀掉刘邦。项羽明知项庄舞剑的用意所在,却默许项伯保护沛公。种种现象表明,项羽是一个刚愎自用、骄傲自大的人,容易轻视对手,在面对敌人时犹疑不决。正是他的优柔寡断使他错失了良机,坐拥四十万大军却让刘邦全身而退。也正是他的不善用人使军事集团内部不团结,预示了他在楚汉战争中失败的必然性。

其次,刘邦明知这次宴会充满杀机,仍然从容赴宴,最后全身而去。他在项羽面前礼仪备至,在宴会上屈居下座仍安之若素,可见其能屈能伸;在剑拔弩张的气氛中仍能谈笑自如,从容脱身,可见其沉着老练。善于用人也是刘邦的一个优点,用他的话来说:"夫运筹帷幄之中,决胜千里之外,吾不如子房;镇国家,抚百姓,给饷馈,不绝粮道,吾不如萧何;连百万之众,战必胜,攻必取,吾不如韩信。三者皆人杰,吾能用之,此吾所以取天下者也。项羽有一范增而不能用，此所以为我擒也。"刘邦的知人善任，使他在之后的楚汉战争中占尽了"人和"。

最后，课文第三段还有一个"看点"，即对宴会的描写。这一段描写重点突出，不着多余笔墨，给人留下广阔的想象空间。试想，在宴会上，范增一心想置刘邦于死地，他所召的项庄定是个剑术高超的武士，这样刺杀刘邦才能万无一失。在项伯与项庄"舞剑"过程中，一定是险象环生的，大有"在刀尖上跳舞"的气氛。在这种情况下，宴席上的项羽、范增、刘邦、张良会有什么样的表情和心理活动呢？正因为情况危急，张良才会急忙出帐，寻得樊哙来转移众人的视线，这才有了后来"樊哙闯帐"的一幕。

由此看来，我们只要围绕《鸿门宴》第三、四段的精彩片段进行精点精析，这篇课文的重点就能一目了然。《鸿门宴》讲述了一个完整、曲折的故事，情节引人入胜。在尖锐的矛盾冲突中，鲜活的人物形象跃然纸上。先突破重点，再对课文进行整体把握，这样疏通全文、积累词汇就是一件很容易的事了。

养在深闺人未识

——小议《张衡传》的重要性

《张衡传》是《高中语文·必修四》第三单元的第三篇课文。该单元的学习目标是阅读古代人物传记，在读懂课文的基础上，结合时代背景，发掘人物身上的闪光点，体会作者对笔下人物的感情倾向，注意传记作品多样的叙事写人手法，体味文章的风格与韵味。教材编者将《张衡传》安排在了《廉颇蔺相如传》《苏武传》这样的长篇、名篇之后，这样的安排使得《张衡传》似乎有些"边缘化"，也让部分老师觉得这篇课文不太重要，在授课过程中只对其做简单解析，或干脆就将其当作自读课文，不做讲解。我认为，《张衡传》是必修课本中唯一一篇标准的人物传记，应对其进行准确定位，让"养在深闺"之中的《张衡传》受到足够重视。

首先，《张衡传》的篇幅与高考文言文最为接近。高中语文课本虽然选编了大量古文，但是人物传记并不多，多数篇幅较长，且学习重心都集中在古汉语知识的积累和人物形象的塑造上。事实上，高考人物传记的篇幅是比较短的。例如，2016年上海卷的《晋书·羊祜传》只有4段，共计530余字；2016年全国卷Ⅱ《明史·陈登云传》也只有580多字。《张衡传》是篇幅最接近高考选文的，节选部分共700多字，如果去掉课文中的说明段落，只有507字。不仅如此，类似《张衡传》的人物传记是高考文言文最普遍的考查形式。高考选文多为四段两事式或五段三事式，有时选文不分段，直接就是一整段节选，内容同上。文章前或文章后会有对传主性格品质的概括或评价总结。这样的体例与《张衡传》完全相同。

其次，高考文言文考试的"三要素法"要求学生从三个角度对人物传记进行梳理，即人物（籍贯、家世、性格）、事件（时间、地点、过程）和评价（时人评价、传者评价、后人评价）。《张衡传》是这种分析方法的最好案例，教师完全可以《张衡传》作为范本进行人物传记的分析与讲解。

再次，《张衡传》涉及大量古代文化常识，特别是一些与官员调动相关的动词和官职的专有名词。这些词语是高考文言文的高频考点，学生有必要对其进行强化识记，如"举孝廉不行，连辟公府不就""累召不应""公车特征拜郎中，再迁为太史令""所居之官辄积年不徙""后迁侍中""出为河间相""衡下车""视事三年，上书乞骸骨""征拜尚书"。

最后，纵观这几年的高考文言文阅读，所选材料多为官吏传记，如2016年的9套高考语文试题中，仅人物传记类文章就有7篇，其中5篇选自正史，均为官吏传记。所考查的内容也与《张衡传》的学习重难点完全相符。这就是课文《张衡传》的特殊性与价值所在。

综上所述，我们在教学过程中，一定要重视《张衡传》的教学。既要弄懂《张衡传》本身，又要利用好这篇范文，将其作为古代人物传记学习和高考文言文应试技巧训练的入手点。让"深闺之中"的名篇得到师生的足够重视，将课堂教学与高考考点紧密结合，做到课标所要求的"掌握学习语文的基本方法，着眼于语文素养的提高"。

当诗句有了温度

——读《归园田居》(其一)有感

当诗歌有了温度,会让你一整天都被这种惬意包围。

"暧暧远人村,依依墟里烟",带着温情,带着柔情,带着多情向我们走来。

"暧暧"让诗歌有了温度。"暧暧"总能让我想到"暖暖",我甚至怀疑"暧暧"最初的含义是不是"暖暖"。

曾有人说,"暧暧"二字写的是黄昏之景。黄昏时分,光线暗了下来,一切都显得昏暗、模糊。我说,"暧暧"是一日之景,是四时之景,是随处可见之景。

为何说"暧暧"只能是黄昏之景?作者何曾说过"暧暧"是黄昏之景?天将亮未亮之时,风雨将至未至之时,大雾弥漫之时,大雪将至之时,景色都会模糊、昏黄。更何况这昏黄的时刻也不止一季有,春有风,夏有雨,秋有雾,冬有雪。昏黄的时刻又不会仅挑一季、一时、一刻、一点出现。不过是黄昏总会给人一种温暖之感,让人有一种暧昧之情罢了。

透过文字,我感受到的是温暖,这种温暖让我想到老舍笔下济南的冬天:"一个老城,有山有水,全在天底下晒着阳光,暖和安适地睡着,只等春风来把它们唤醒,这是不是个理想的境界?小山整把济南围了个圈,只有北边缺着点口儿。这一圈小山在冬天特别可爱,好像是把济南放在一个小摇篮里,它们安静不动地低声地说:'你们放心吧,这儿准保暖和。'"这种感觉又如余秋雨在《山居笔记》中所说的"成熟":"成熟是一种明亮而不刺眼的光辉,一种圆润而不腻耳的音响,一种不再需要对别人察言观色的从容,一种终于停止向周围申诉求告的大气,一种不理会哄闹的微笑,一种洗刷了偏激的淡漠,一种无须声张的厚实,一种并不陡峭的高度。""暧暧"是一种从容,是温润,是安和,是静谧,如躺在黄河臂弯里的小小村落，在母亲的怀里睡去，一睡千年。除了视觉上的感受，"暖暖"还给了人触觉上的温暖。

而"依依"让"烟"有了感情。

"依依"可见于"杨柳依依""依依不舍""依依灯光"。"依依"多注解为依稀、隐约，而我觉得，"依依"可以理解为"徐徐""恋恋"。这样的视觉效果和感情抒发，可与"大漠孤烟直，长河落日圆"相媲美。

"大漠孤烟"如北方的彪形大汉，清晰、明亮、耀眼，屹立在那里，顶天立地，千百年来与长河落日为伴。而"依依墟里烟"如江南柔婉的女子，婷婷袅袅，徐徐而行，性急如张飞的人定然是等不得它慢慢上天的，只有闲适、恬淡的人才能看到。透过"依依"，我看到的不只是冉冉飘远的"烟"，还有沉浸在人间烟火中的诗人，那位恬淡闲适、看惯风月的诗人。

他不在乎土地有十亩八亩，还是草屋有八间九间，他只求衣能蔽体，食可饱腹。他可以在自己的薄田上打滚儿，可以在自己的草屋中撒欢儿。这样自由、闲适的诗人，就如从笼中飞出的鸟儿，从池中归渊的鱼儿，用一句不够文雅的话来讲，就是"我怎么舒服怎么来，我想怎么样便怎么样"。这种虎入山林、马放南山的感觉，或许只有那些被羁绊太久之人才能体会得到。

所以我们不必去问，为何"榆柳"一定要种在"后檐"，"桃李"一定要"罗"于"堂前"。实际上诗人要说：我在这里春可赏花，夏可乘凉，秋可摘果入口，冬可躲进草屋读书，听雪压枝丫的声音。我们也没有必要去追究，鸡究竟是"晨"到"桑树颠"去"鸣"，还是"暮"到"桑树颠"去"鸣"；"狗"是见了陌生人"吠"，还是只因玩乐而"吠"，因为这些都不重要。重要的是居于这田园之中，心便如这村庄般安静，连鸡鸣狗吠都觉得亲切喜人。这种感觉不叫"惬意"叫什么？这种生活不是"闲适"是什么？

待在这有鸡鸣狗吠、袅袅晨烟、霭霭暮气的村庄里，我竟也不舍离去，因为"此中有真意"。

戴建业教授在《澄明之境：陶渊明新论》中写道："他所追求的是生命的洒落。""其人生表现出一种无所利念的洒脱，无所欠缺的圆满，真正超越了自我并同流于天地。""洒落悠然又尽性至命"是"静穆的风味,是一种归依的心情"。正是这种"静穆",这种"归依",这种"洒落",让诗人觉得"远人村"有温度,"墟里烟"多情,也让生命获得了"超然不累于物"的自得与自适。

从三个境界的角度赏析中国古代山水田园诗文

中国古代诗文的题材多为写景叙事,通过记叙游玩经历,表达物我两忘的喜悦,抒发情感。这样的诗文在高中语文必修课本中就有很多。以往的教学设计对景与情的关系关注较多,通过分析景物来捕捉作者的思想感情。这样的教学设计虽然清晰明了,但过于直白,反倒显得死板生硬。鉴于此,我想从审美境界、生活境界、生命境界这三个角度来分析诗文内容,揭示文章主旨。

钱志熙老师在《唐前生命观和文学生命主题》中提到,王羲之在《兰亭集序》中描述了人生的三种不同境界,即审美境界、生活境界和生命境界。

何谓审美境界?哲学家张世英说:人生的最高精神境界是"审美的境界"。这是因为审美意识完全超越了主客二分的思维方式,进入了主客融为一体的领域。"审美意识"把对象融入自我之中,达到了一种情景交融的"意境"。

抛开抽象的概念,我们要让学生知道,作者认为什么是美的,什么是丑的,从而通过其审美情趣了解其生活情趣。

一个人的生活情趣决定了他的生活境界。作者需要一种怎样的生活,或者说他想要过一种怎样的生活?他认为什么样的生命是有价值、有意义的?生命该如何度过?这种思考决定了他的生命境界。

如果能从这三个角度对诗文进行赏析,我们不仅可以游刃有余地把握诗文的主题思想,而且可以对学生进行生命观、价值观的教育,让他们明白什么是美,什么是生活,什么样的生命更有价值和意义。

接下来,我就以这三个境界为前提,对《高中语文·必修二》第三单元的课文进行赏析。

首先,我们来说一下《兰亭集序》。《兰亭集序》是东晋大书法家王羲之的名作。在《兰亭集序》中，王羲之说明了自己作序的缘由及目的，抒发了对大自然的热爱，阐述了自己对人生的思考，对生命的思考。以往的教学设计更注重作者思想感情的变化，主张通过分析这种变化来把握作者的议论和抒情。在这里，我们则试从上述三个境界的角度来设计课堂内容。

我们设计的问题如下：基于王国维先生所说的"一切景语皆情语"，请大家分析诗人所写之景为何景，所抒之情为何情。

在这里，我们要引导学生找出文章中所写的景物——山、水、林、竹、天、风，分析作者所认为的美是什么样的。

从意象来看，作者选择了山、岭、林、竹、流、湍，而无桃李花草，意象偏疏朗高雅，而不繁杂。从色彩搭配来看，春来草绿，风到花开，如此美妙的江南美景，作者却偏偏不写山青柳绿，而写山崇岭峻。言山，舍其青翠；绘竹，舍其绿；写水，舍其碧而言其清。山岭之高显人之崇高，林茂竹修显志向高雅。"清"与"激"突出了水流状态。此段景物描写，从意象选择到色彩搭配，都极为淡雅，毫无艳俗之感，突出了作者与众不同的审美情趣。

王羲之认为淡雅的才是美的。所有的景物描写虽不着一情，但情感已表现得淋漓尽致。在王羲之看来，只有这样优雅的环境、这样的雅士，才会有这样的雅趣，才会产生幽情。

由作者的所绘之景，可以看出作者想过一种怎样的生活？或者说，他理想中的生活状态是怎样的呢？

有流觞曲水，无丝竹乱耳；有一觞一咏，无管弦之盛。我们可以推测，作者希望过一种悠然自得的生活。朗读课文之时，我们要引导学生感受作者淡雅的心境。

作者认为，最好的生活状态是怎样的呢？

"仰观宇宙之大，俯察品类之盛……足以极视听之娱，信可乐也。"

敞开怀抱，纵情山水。

然而生命短暂，日月长存，美好的时光极易流逝。珍惜眼下时光的同时，作者又发出感慨，进而思考人生的价值和生命的意义。

"固知一死生为虚诞，齐彭殇为妄作。"在王羲之看来，人的生与死是不同的，生命的长与短是不同的。那么，他认为怎样的人生才有意义呢？珍惜生命，创造价值。能够有价值且有意义地活着，这便是王羲之的生命价值，或者说是他的生命境界。

分析作者所认为的美的、好的事物，推断他想要的生活，进而理解他所认同的生命价值与意义。通过这些来理解文章内容，就非常容易了。

其次，我们再来分析苏轼的《赤壁赋》。作者认为什么是美的？他眼中的美是什么样子的？

"清风徐来，水波不兴""白露横江，水光接天。纵一苇之所如，凌万顷之茫然"。遗世独立的文人，飘飘欲仙的感觉，白茫茫一片，逍遥自在，洒脱任性。

作者想过一种什么样的生活？他正在过一种什么样的生活？

"与客泛舟游于赤壁之下""举酒属客，诵明月之诗，歌窈窕之章""饮酒乐甚"。与朋友同游，与朋友饮酒，与朋友赏月，与朋友吟诗作赋，谈古论今。

作者所追求的生命境界是什么样的？

"惟江上之清风，与山间之明月，耳得之而为声，目遇之而成色，取之无禁，用之不竭。是造物者之无尽藏也，而吾与子之所共适。"

纵情山水，寄情万物，忘乎所以，忘怀得失。苏轼所展现的，是一种旷达、洒脱的生活情趣与态度。

最后，我们再来分析一下，在《归园田居》（其一）中，陶渊明认为什么是美的。

在陶渊明眼里，田园生活是美的。作者用"爱丘山""恋旧林""思故渊"等短语表达对田园生活的喜爱之情。他想过一种淡泊自守、拒绝庸俗、和平宁静的生活。

在陶渊明眼里，方宅是美的，草屋是美的，房屋前后满栽的柳树是美的，一年四季盛开的花儿是美的，远远的村落、袅袅升起的炊烟是美的，静谧的村庄、鸡鸣狗吠是美的；就连什么都不做，闲居在简陋的草屋中也是美的。

因为爱，所以觉得美；因为美，所以去热爱、去追求。陶渊明不为五斗米折腰，选择归隐田园，虽生活清贫，却乐在其中。这样的审美决定了陶渊明的价值取向是追求身心自由、心无挂碍，而非功名利禄。

在陶渊明的诗歌中，我们能看到他对宁静生活的追求，对精神淡泊的自守。在他的心目中，生活即是人心，人心即是生活。我们欣赏陶诗，其实就是欣赏他的生活，欣赏他这个人。

我们总是在寻找美，创造美。其实，我们是在寻找一种美的生活方式，创造符合我们审美的价值体系，从而让自己的生命更有价值、更有意义。

《林黛玉进贾府》中的说话艺术

在《林黛玉进贾府》中，众多人物集体亮相，人物个性鲜明，主次有别。该篇的亮点不仅仅在于人物肖像、服饰的展示，更在于对不同人物独具特色的语言的描写。在这里，就让我们具体分析一下《林黛玉进贾府》中的语言艺术，感受名著之所以为名著的魅力。

王熙凤的出场方式十分精彩，语言也张扬着个性。但她在张扬个性的同时也不忘察言观色，顾及他人的感受。总结成一句话：到什么山唱什么歌。

既然到什么山唱什么歌，就要注意唱歌地点。山头不同，唱的歌也自然不同。王熙凤之所以"放诞无礼"，是因为这个"山头"的"大王"是贾母，而贾母又特别喜欢她这个孙媳妇。但是，王熙凤其实十分懂得如何讨好他人。她的一句"天下真有这样标致的人物，我今儿才算见了！况且这通身的气派，竟不像老祖宗的外孙女儿，竟是个嫡亲的孙女"讨好了"山头上"的所有人。眼前的、口里的，活着的、死了的，不都是贾母之后吗？王熙凤这番话的终极指向是贾母，"通身不凡的气派"是在夸贾母与众不同的气质，这"彩虹屁"最终还是送给了贾母，贾母自然乐得消受。

在合适的场合说合适的话，是需要说话人眼观六路、耳听八方的。我们来看这样一个故事。有个人请客，一共四个客人，有三个先来了。主人见还有一人未到，心里着急，就说："该来的怎么还不来？"一个敏感的客人听了，心想："该来的没来，那我是不该来的喽？"便告辞走了。主人越发地着急，说："怎么不该走的反倒走了呢？"又有个客人一听，心想："走了的是不该走的，那我这没走的倒是该走的了！"于是这位客人也走了。主人急忙解释："我并不是叫他们走啊！"最后一位客人听了大为光火："不是叫他们走，那就是叫我走喽。"说完，头也不回地离开了。由此可见，说话时一旦考虑不周，就可能令人不快，惹出一些麻烦，为接下来的事务埋下"定时炸弹"。

琏二奶奶（即王熙凤）的高明之处就在这里。她如果只讨好林黛玉，那岂不是冷落了老祖宗在场的其他孙女？夸林黛玉只是间接夸了贾母的女儿，这样又置众多的媳妇于何地？所以，王熙凤适时地说出"况且这通身的气派，竟不像老祖宗的外孙女儿，竟是个嫡亲的孙女"来抬高诸位姑娘，这样就安抚了在场的大多数人，让大家觉得一切都合情合理，恰到好处。这就是"会说好话"的琏二奶奶的说话艺术。

除了要注意说话的环境，还要特别关注说话的对象，也就是所谓的"见人说人话，见鬼说鬼话"。倘若见人说鬼话，见鬼说人话，岂不是鸡同鸭讲？

林黛玉在这个方面做得很好。同样一个问题，面对不同的人，林黛玉的说辞也不同。贾母问黛玉念过什么书，黛玉回答："只刚念了《四书》。"黛玉又问姊妹们读什么书，贾母道："读的是什么书，不过是认得两个字，不是睁眼的瞎子罢了！"黛玉从贾母的回答中揣测出贾母对读书一事的态度：读什么书、有没有学识并不重要。所以，当宝玉问"妹妹可曾读书"时，黛玉的回答就成了"不曾读，只上了一年学，些须认得几个字"。

由此可见，林黛玉也十分擅长观察他人，能根据他人的态度，及时调整自己的说话内容，展现出识大体的品质和随机应变的能力。林黛玉的这种面对不同的人采取不同应对方式的态度在其他场合也有所表现。例如，她与王夫人聊天时，王夫人说："我有一个孽根祸胎，是家里的'混世魔王'，今日因庙里还愿去了，尚未回来，晚间你看见便知了。你只以后不要睬他，你这些姊妹都不敢沾惹他的。"林黛玉便问："舅母说的，可是衔玉所生的这位哥哥？在家时亦曾听见母亲常说，这位哥哥比我大一岁，小名就唤宝玉，虽极憨顽，说在姊妹情中极好的。况我来了，自然只和姊妹同处，兄弟们自是别院另室的，岂得去沾惹之理？"

我们来分析一下这段看似平常的话语中所透露的说话艺术。林黛玉先说"可是衔玉所生的这位哥哥"，这已从宝玉出身的角度高度肯定了"这位哥哥"的与众不同。"衔玉所生"是身负天命，自然鹤立于众生，这一句含蓄地给予王夫人极高的赞誉。"在家时亦曾听见母亲常说"一句，说的是"这位哥哥"在大家眼里也是极为重要的人,经常被大家提起,再一次向王夫人说明"这位哥哥"的与众不同。"虽极憨顽,说在姊妹情中极好的"一句,肯定了宝玉的优点。几乎所有的母亲都觉得自己的孩子是最好的;哪怕真的不是很好,她们自己可以说不好,但绝不希望外人否定自家孩子。所以,林黛玉给予"这位哥哥"足够的肯定,让王夫人再一次感到欣慰。话都说到这儿了,林黛玉仍觉得王夫人心里有疑虑,就又添了一句:"况我来了,自然只和姊妹同处,兄弟们自是别院另室的,岂得去沾惹之理?"再一次尝试让王夫人放宽心,即使宝玉"憨顽",她也断不会去招惹,从根本上打消王夫人的疑虑。

《林黛玉进贾府》中林黛玉的语言艺术还表现在其他场合,如婉言谢绝邢夫人的留饭,回答贾宝玉的问题等。这些都能反映林黛玉深谙与他人交流之术,懂得见什么人说什么话。这样来看,林妹妹真的是个"好会说话"的人儿。

第四辑 作文导航

怎样写好一篇作文？

我们为什么要写作文？该写什么样的作文？怎样写作文？怎样才能写出高分作文？这些问题值得我们思考。

首先，我们为什么要写作文？

写作能力是言语能力的一种，写作是文化积累、传承和自我表达的最好方式之一。

沿途的风景，偶遇的面孔，穿肠的情感，走过的路，读过的书，都会透过笔尖跃然跳动在纸上，为你做好人生的美好记录。

作文是思维的再现，是交流沟通的有效方式，是语文人文性和工具性的集中表现，也是立德树人、践行社会主义核心价值观的重要途径。写作课程是语言文字运用的综合性、实践性课程。

写作是生活，是对生活的感悟；写作是情感，是自我真情的流露；写作是个性，是自我风采的张扬；写作是思想，是作者的"独立宣言"；写作是创造，是探索成果的展示；写作是文化，是文化底蕴的体现；写作是审美，是美的创造和表达。

清华大学面向 2018 级学生开设"写作与沟通"必修课，该课程于 2020 年完成对全校本科生的覆盖，并力求为研究生提供写作指导。这种做法引起很多争论，如现在大学生的写作能力是否下降了？写作课中学就有，为何到了大学还要补课？等等。我觉得这种做法与我们现在所处的文化环境有关。

提起中外文化差别，过去人们常说，中国人的写作能力强，外国人的辩论能力强。这种说法不无道理。中国的语言文化源远流长，即使各地方言不同，也可以通过共用的语言文字消除交流障碍。中国人向来重知识，爱读书。在科举时代，文章更是能决定读书人一生的命运，是仕途的敲门砖。写一手好文章，也是文人的基本功。而在西方，《荷马史诗》口口相传，多年后才被整理成文字。至于今天已是发达国家的西欧诸国，除了拉丁文，其主要文字的历史只有千年左右，甚至更短。没有文字，辩论、演讲就成为"刚需"，其功力也必须深厚，免得说出的话被风吹走就没了影。

写文章和辩论、演讲，都需要技巧，语言逻辑很重要，修辞也要有讲究。写文章需要积累，辩论、演讲也需要长时间的准备。当然，二者差异也很大。好的文章历久弥新，像酒一样越陈越香；辩论、演讲则注重现场效果。现在，中国也逐渐开始在学校举办辩论与演讲大赛。始于20世纪的"国际大学群英辩论会"，每一届上中国大学生都横扫各国，口舌锋利，无人能挡，其背后的原因无非参赛选手个个都热爱读书思考，写得锦绣文章。

现如今是网络时代，社交媒体都是只言片语、小盅鸡汤。只要"爆点"，不要逻辑；只要锋芒，不要说理。夺人眼球、追求新鲜刺激的"标题党"横行一时。这让我觉得自己几十年练就的写文章能力统统没用了。大学生未来大多要成为白领，走到哪里都需要写作能力。可现在的年轻人每天光网上"冲浪"的时间就有好几个小时，其阅读、表达、写作能力很难不受影响。而由此形成的语言文字习惯，在正式的工作场合根本没有用武之地，毕竟企业机关单位不是媒体，不是论坛，更不是朋友圈。

我还遇到过这样一些年轻人：他们沉醉于信息时代的科技进步，觉得只要弄弄软件、编编程序、画画图纸就能得到不错的工作，因而对写作这种所谓文科的事儿嗤之以鼻、不屑一顾。虽然每年的高考作文题与满分作文经常成为议论焦点，但是当出国留学成为热潮，到互联网公司找份高薪的工作成为向往，轻视中文写作便成了常事。就是在学校，我们的学科设置、教育方法也倾向于"向西方看齐"，一些著名学者写文章时也以佶屈聱牙的专业体、翻译体为荣，仿佛读者若能轻易读懂，就显得自己水平不够高一样。当这种现象逐渐成为风气，中文写作自然显得无足轻重。

清华大学开设"写作与沟通"课程，既是对大众媒体时代社会问题的回应，也是对现如今教育不足之处的补救。中文写作不应只是谋生的手段，

而应是一种思维锻炼方式,更应是中国人的基本素质。汉语语言文字是中国历史文化极其重要的组成部分。若没有那些已经融入我们日常生活和思维习惯的锦绣文章,中国文化将会怎样?语言文字会随着时代的发展而变化,但正是因为这种变化,我们才更要写出体现时代精神、反映时代价值的好文章。这个时代所取得的成就,各行各业的精神面貌,都需要我们用优秀的文章记载和体现。这样,我们才不愧对源远流长的中华优秀传统文化,才能为当代中国语言文字的发展添砖加瓦,为推进社会主义精神文明建设出一份力。

其次,我们要写好一篇作文。

人生要走很多路,但最关键的只有几步。而高考就是其中至关重要的一步,它关系到我们的人生。

高考语文的重要性不必多说。在多人分数相同的情况下,一般会优先参考语文的分数。高考语文分值共 150 分,主观书写题占 111 分,其中作文占 60 分,其他为需要组织语句的问题。不论是显性还是隐性的书写题,都不容小觑。

在高考语文中,作文成绩的差距往往很大。要想得高分,我们必须要写好作文。

那么,作文该写什么,怎么写呢?

我们必须要弄清楚一点:作文写什么、怎么写,取决于学什么、考什么。

语文学科要求学生具备四大核心素养,即语言建构与运用、思维发展与提升、审美鉴赏与创造、文化传承与理解。作文就是对学生语文核心素养的考查。

可以这么说,我们需要利用语言文字歌颂真善美、批判假恶丑,继承、弘扬中华优秀传统文化;记录生活,丰富体验,描述对现实生活和文学形象的理解与感受,提高自己的语言表达能力;在具体的语言情境中能有依据、有条理地发表观点,陈述发现;描述审美感受,表达自己对具体事物的情感与态度,创造美好形象,培养创新意识。

这样的考核内容要求学生从身边开始写起,从书本开始写起,在历史和现实中寻找素材,从中华优秀传统文化中汲取养分。

写作应紧抓三个点:逻辑,语法,修辞。

逻辑表达主要看行文是否严谨、流畅,可反映一个人的语言表达能力和文字运用能力;正确使用语法是为了准确、清晰地描述事物、表情达意;合理、正确地使用修辞手法,可使文章更加生动形象,从而引起读者的共鸣。总体而言,写作时应注意逻辑严密、语法规范、修辞巧妙。

再次,我们谈谈作文该写些什么。

记录生活之真,抒发内心之情,辨析事物之理,展示众生中独一无二之"我"。

具体可概括为六个字:人、事、物、景、情、理。

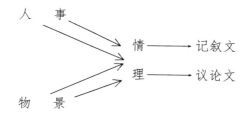

记叙文的主体是人、事、物、景,可用于抒情悟理。议论文的主体虽是说理,但离不开作为论据的人、事、物、景,这些都可用于增强说服力;情的成分较少,多用来表明是非判断等主观态度。

在写作前,我们要牢记以下几点:第一,五种表达方式,即记叙、议论、抒情、描写、说明;第二,四种句子类型,即陈述句、疑问句、祈使句、感叹句;第三,常见修辞,如比喻、拟人、夸张、排比、对偶、反复、设问、反问等。

在写作时,我们还要注意慎用标点,精用标点,善用标点。标点符号除了表示停顿,还可以表现逻辑和情感。例如:"我爱你、"表示还有其他并列内容;"我爱你,"表示停顿,后面还有其他内容;"我爱你。"干脆利落,或许没有后续内容;"我爱你!"说明爱得深沉或激烈;"我爱你?"说明这个问题尚有疑问,答案还不太确定,可能是在问自己,也可能在问对方;"我爱你——"代表声音延续,或者后有转折;"——我爱你"表示不管前面是什么内容,结论都是"我爱你";"'我爱你'"一般为直接引用,也可能是反语或突出强调;"《我爱你》"说明这是一部作品;"我爱你:"说明后面是"我爱你"的具体内容;":我爱你"说明前面都是"我爱你"的原因;"我爱你?!"这句内涵就丰富多了。

最后,如何才能写出高分作文呢?

即使我们真的写出一篇好作文,但如果它看起来不像好作文,那就有可能被打低分;反之,即使是质量一般的作文,如果看起来像好作文,那也有可能被打高分。我们应仔细分析并把握新课标卷作文等级评分标准,让自己的作文一眼看去就像好作文。

新课标卷高考作文等级评分标准包括基础等级和发展等级。

基础等级分为内容和表达两项,基础等级的评分以题意、内容、语言、文体为重点,全面衡量。内容项(20分)的重点是切合题意、内容丰富。表达项(20分)的重点是作文结构、语言、问题、卷面等,需综合考量。

发展等级评分不求全面,突出以下"特征"项中的几点即可。第一,深刻。透过现象看本质,揭示事物内在的因果关系,观点具有启发作用。第二,丰富。材料丰富,论据充足,形象丰满,意境深远。第三,文采。用词贴切,句式灵活,善于运用修辞手法,文句有表现力。第四,创意。见解新颖,材料新鲜,构思精巧,推理想象有独到之处,有个性特征。

要想让作文拿高分,就要事先了解一些相关规则和要求,这样我们就能按规则出牌。

评分原则:给分有理,扣分有据,宽严适度,始终如一。

高考作文的批阅程序:培训、试评、正评。

评分过程:监测、自测、均分。

高考作文的卷面要求:卷面整洁,字迹清楚,笔画规范,美观大方。

优质卷面视觉:干净整齐,易于辨认,阅卷无压力。

阅卷视觉受限,八九百字的作文,需往下拉四五屏才能看完,卷面效果被夸大,首段过长,字迹难以辨认,都会严重影响作文得分。我们即使不能写一手漂亮的字,也要写一手好认的字,让阅卷老师有耐心读完。

总的来说,把握作文等级评分标准;立意精准,指向明确,写出亮点;卷面干净整齐、易于辨认。这就是高分作文所需的基本要素。

生活需要我们写文章，高考需要我们写一篇好文章。明白了什么是好文章，写"好文章"需要有哪些必备知识，我们就能投"高考"所好，写出高考高分作文，为我们的人生助力。

作文拟题三步骤

在写高考作文时，虽然大多数同学能拟出紧扣主题且富有新意的标题，但仍有部分同学因不会拟题而想不出好题目。有的同学拟出的标题与作文内容差了"十万八千里"，这就像作文的"眼睛"脱离了"身体"；而有的同学拟好标题之后，却发现无从下手，不会据此展开，最终使写作陷入僵局。

怎样才能解决作文拟题的难题呢？这里所列的一些办法虽然"笨"了点，但也不失为解决问题的好方法。

看到命题材料之后，大家先思考一下自己的写作目的是什么，然后用最通俗的语言点明写作目的。

例如：阅读下面的材料，按要求作文。

有两个人结伴横穿沙漠，水喝完了，其中一个人中暑，无法行动。另一个健康而又饥渴的人对同伴说："你在这里躺着，我去找水。"他又把手枪塞到同伴的手里，"枪里有五颗子弹，记住，三小时后，每隔一小时你就对着天空鸣一枪，枪声会指引我找到正确的方向，与你会合。"

八小时后，去找水的人提着满壶的清水，领着一队骆驼商旅，循枪声而至，但他只找到一具尸体。他的同伴头部已穿过一颗子弹，枪和五个弹壳散落在他的身边。

要求：1. 自定立意，自拟题目；2. 字数在800字以上。

第一步，提炼材料的中心主题。上述材料可概括为：在任何时候，我们都不应轻言放弃，而要坚持到底，哪怕仅有百分之一的希望，也要做百分之百的努力。

第二步，用精练的语言概括主旨。上述主旨可以概括为：坚持到底，不要放弃，只要有希望，就应全力以赴。

第三步，我们就可根据主旨，拟出4~5个标题，如"坚持到底""永不言弃""坚持就是胜利""有希望就有远方""成功的秘诀——坚持到底"等。

第四步，就拟出的题目进行逐一筛查。首先，舍弃那些陈旧的、过于大众化的标题，如"坚持就是胜利"。然后，选出自己有较大把握写好的标题。即使标题拟得很新颖，如果自己不会写，那也是徒劳的。在这种情况下，倒不如选择那些较为通俗、大众化的标题，虽然拿不到最高分，但如果写好了，也可以拿到一个不错的分数。最后，从上一步选好的标题中再选出一个新颖、独特的来写。

这个过程，打个不太恰当的比方，就像姑娘选对象，人好当然最重要，在此基础上，其他条件能跟上，岂不更好？

我们还可以用另一种方法拟题。在完成上述第一个步骤之后，先紧承其意写出作文第一段，然后在草稿纸上列出提纲，并构思作文的最后一段，最后根据作文首尾拟题。

这几种拟题方法可确保作文文题相扣，符合要求，在此基础上可努力使自己的作文题目更加新颖独特。

作文面改益处多

夏桂云老师在《作文教学要突出"四个转变"》中提出了变"教师改文"为"学生自己改文"的观点,这对我颇有启发。

其实在日常教学工作中,早就存在"怎么改"的问题。传统的批改方式用了很多年,老师非常辛苦,然而收效甚微,甚至徒劳无功。老师一字一句写下的评语,并不是所有的学生都会认真去读;即使读了,也不一定能从中获益。"怎么改"是许多老师持续关注并不断思考的重要问题。夏老师提出的"学生自己改作文"就是针对"怎么改"问题的一种尝试。我认为,"学生自己改作文"也存在一定弊端。

首先,这种修改方式只适合部分学生。一些基础较好的学生,只需老师的简单指点,就可以发现自己作文的不足之处,并进行修改;而基础较差的学生,他们有时候连自己都搞不清楚作文的写作目的和意义,我们又怎能指望他们依靠自己发现作文的缺点,进而进行修改呢?

其次,这种方式虽然也提及"教师指导",但可能会因需要教师指导的学生过多而流于形式,不能真正实现有效的指导,从而达不到修改的目的。教育部门虽然大体规定了每个教学班的人数,但实际上,很多地区的班级名额都严重"超标",老师所面对的学生数量也远远多于规定数量。这就决定了"教师指导"只能是一种"蜻蜓点水式"的指导,能否收到好的效果就不得而知了。

综上所述,我认为作文修改不能仅仅依靠教师或学生任何一方,而应采取学生自改与教师面改相结合的方式。教师面改有以下益处:

首先,教师面改可以同时训练学生听说读写的能力,进而有效提高学生的思维能力。

面改流程大体可以分为学生陈述写作目的与思路、教师助其厘清思路、师生共同修改三大步。倘若学生在构思时思路不畅或不连贯,那么在陈述之时，教师就可以及时发现其在构思和表达方面存在的问题，并给予点评和指正，从而使学生的思维严密有序，提高学生的写作能力。

其次，教师面改可使学生形成良好的作文构思习惯，提高写作能力。

面改是教师单独对某个学生进行的分析指导。这样，从构思角度来讲，每次写作、指导都是单独的行为，这样会给学生留下较为深刻的印象。每一种构思方式都是一套独立的审题、构思、完成写作的方式，这样可以帮助学生养成良好的思维习惯，从而提高写作能力。

再次，教师面改可使作文修改更具针对性，进而全面提高学生的作文水平。

在单独的作文指导中，教师可对不同的学生提出不同的写作标准和要求，特别是对于层次不同的班，以及同一班内能力不同的学生，都可以不同的标准对其进行指导。让基础好一点的学生不至于因"胜"而"骄"，让基础较差的学生不至于因"败"而"馁"。这种方法可使不同层次的学生都有其相应的目标与要求，都有"踮起脚"就可以实现的目标，从而帮助他们建立自信，激发写作兴趣，最终实现全班共同进步的目标。

最后，面改本身就是师生之间的一种交流与沟通。

作文是师生沟通的重要方式之一。面对面修改作文，可使这种交流与沟通更为直接、通畅，学生的感受也更为深刻。教学是教与学的双向互动，师生双方相互交流、相互沟通、相互启发。在这个过程中，教师与学生分享彼此的知识经验，交流彼此的情感体验与观念。作文教学也不例外。师生面对面的交流与沟通，使教学能在轻松愉快的氛围中进行，使师生共识、共享、共进，实现教学相长，共同发展。

面改可以小组形式进行。若干学生一同分析作文的过程，就是一个互相学习、互相借鉴的过程，有助于学生作文水平的进一步提高。换而言之，面改可以是一种小范围的集体学习。小组内的学生可以互相学习、借鉴他人优点，吸取经验教训。可将经过反复修改的文章在全班传阅，将改前与改后的文章做对比，让学生明白作文修改的必要性与有效性，把握写作应当注意的问题。这样，学生就能有目的、有计划地进行作文构思、写作、修改，从而提高写作水平。

这种作文修改方式，对一些新课改尚未进行或处于初级试行阶段的学校来说较为困难，需要评估小组的理解与支持。因为每次面改都需要教师投入大量时间和精力，这在无形中增加了教师的工作量，不能按照常规的作文教学要求来要求教师，每学期对每个学生进行三次面改足矣。当然，面改可与其他修改方式同时进行，这样才既能把控全局，又能有针对性地解决问题。具体怎么做，需要教师根据学生的具体情况而定。

激趣破难，以读促写

在教学过程中，我发现不少学生害怕写作文，一提笔就抓耳挠腮，不知从何下笔。经了解，发现有这么几个原因：不注意观察身边的事物，觉得无内容可写，只得乱编；积累不足，写东西干巴巴的，难以写具体；缺乏想象力，题材千篇一律；不会表达真情实感。如何解决以上问题，提高学生的写作能力呢？在这里我想谈谈自己的几点看法。

首先，应当激发学生的写作兴趣。

爱因斯坦说过："兴趣是最好的老师。"孔子也说过："知之者不如好之者，好之者不如乐之者。"兴趣是调动学习自觉性和积极性的核心因素。学生一旦对学习产生兴趣，学习便不再是一种负担，而是勤奋的探索、执着的追求。

那么，如何激发学生的写作兴趣呢？

可以尝试让学生写自己熟悉的内容，以"趣"激趣。作文命题应更加开放，要出宽题，紧紧围绕学生所熟悉的生活，以他们周围的人或事、景或物作为作文命题。内容熟悉了，学生就愿意写，这样有利于激发学生的写作兴趣，使他们有表达的欲望。我们还可以分析学生最喜欢的游戏的特点，精心设计游戏内容。在游戏前，告诉学生要留意游戏过程，注意他们的言行和表情；游戏结束后，组织学生描述游戏过程，讨论从游戏中获得的经验和感悟。学生玩得兴高采烈，自然会说得兴致勃勃，有兴趣了，写起来就不难了。

让学生品尝成功的喜悦，激发其写作欲望。要想让学生坚持不懈地自觉写作，最关键的就是让学生尝到成功的喜悦，从而逐步养成习惯，快乐地去学习、去写作。在具体实践中，应做好以下工作：第一，用肯定的态度给予学生自信心。尽可能地将本班学生的优秀作文作为范文在全班宣读，这样，"小作家"就会感到无比自豪和骄傲。哪怕学生写得不是很成功，老师也要给予鼓励性评价，可以把一些基础不是很扎实的学生的作文修改好后，在课堂上作为案例讲读，以此激发这些学生的写作兴趣。第二，在作文评语中给予鼓励。为学生作文的每一个亮点"喝彩"，哪怕只有一个词用得生动，一个句子写得好，一个地方有新意，也要为其叫好。让他们觉得"我也会写，我也能写"，让他们从"怕写"向"要写""乐写"迈进，循序渐进，最终达到共同进步的目标。第三，办好班级习作园地，把优秀作文或片段张贴在上面，供全班学生学习、品读。还可鼓励并指导学生向报刊投稿。

开展形式多样的写作活动，激发学生的写作兴趣。学生好奇心强，爱表现自我，形式多样的写作活动能调动学生的积极性。如开展课前朗读活动，让学生到讲台上宣读自己的优秀习作，或从其他地方看到的好文章、精彩片段等，让每个学生都有参与和表现的机会。为了表现自己，学生会在课外时间兴趣盎然地寻找范文或写出自己满意的作品。又如举办作文竞赛。竞赛是激发学生写作兴趣的有效手段。心理学家的研究表明，竞赛能培养学习兴趣和克服困难的毅力。在面临竞赛时，多数人学习和工作的状态比没有竞赛时要好。利用学生喜欢表现自我、好胜心强的特点，开展写作竞赛活动，给他们更多的参与和表现机会。这样不仅可以调节写作文时的沉闷氛围，调动学生"我要写"的积极性和主动性，而且可以大规模提高学生习作的质量。

激发学生的写作兴趣，还可使用其他方法，如利用导语激趣、情境创设激趣等。培养写作兴趣是作文教学的突破口，是引领学生作文迈向成功的起点。

其次，应该以读促写，读写结合。

阅读是吸收，写作是表达，阅读是写作的基础。学生可从阅读中汲取营养，从阅读中学习写作，提高自身的写作能力。这也是作文教学的基本途径。因此，我们应积极引导学生从阅读中学习作文结构组织方法和内容表达方法。

在写作教学实践中，作为教师的我们要有意识地把作文指导渗透到阅读教学中，指导学生学习作者观察事物、分析事物、遣词造句、连句成段、连段成篇的方法。每学习一篇课文，就应对其结构与写作方法进行分析。

我们要学会联系课文，选择典型篇目让学生进行模仿，鼓励他们仿中作新。中外作家历来强调创造性，但在学习写作时可先适当模仿，然后走出模仿，形成自我风格。

平日里应加强学生的朗读背诵训练，助其培养语感。"读书破万卷，下笔如有神""熟读唐诗三百首，不会作诗也会吟"。这些话道出一个深刻道理：文章源于阅读、诵读的积累。只有语言积累到一定程度，才能文思如涌、妙笔生花。否则，纵有思绪万千，笔下也难现只言片语。古代许多著名的文人学士，如韩愈、苏东坡等，他们压根就没学过什么语法、修辞、逻辑，但他们能写出流传千古的好文章。其奥秘在于他们能够熟读、背诵大量优秀作品，具有敏锐的语感。所以，语言的积累，语感的形成，都有赖于多读多背。同理，语言文字的熟练运用，写作能力的形成，也需多读多背。课内要多读多背，课外更要多读多背。在教学中，必须加强朗读训练。要求学生正确朗读好词、好句、好篇章，朗读时做到眼到、口到、心到。还要适当增加背诵的量。通过朗读、背诵，让学生把他人的语言转化为自己的语言，然后储备起来，提笔就不会那么困难了。

学习时不要忘了做读书笔记。读书笔记是人们在阅读时所做的一些文字记录。写读书笔记是一种很好的读书方法，可有效提高思维能力和写作能力，也是积累作文素材的好方法。所以，要提高学生的写作能力，就要指导学生做好读书笔记。不仅要指导学生做好课内课文的读书笔记，还要让他们大量阅读课外读物，做好读书笔记。笔记内容、形式不限，可以摘录书中的优美词语、妙语妙句、精彩片段，也可以概括内容，或书写自己的心得体会。只有经过长期积累，语言才会丰富，写作时大量生动的语句才能涌向笔端。

阅读是学生获得作文素材的基本途径，学生可从阅读中学会"怎样写"。但这也需要我们老师长期、有目的的培养，让学生在阅读过程中积累语言材料，读中学写，读写结合，提高写作能力。

变 脸

——浅谈《围城》中的人物描写

我这里说的"变脸"并不是川剧一绝"变脸",而是生活中的变脸。就拿我来说吧。听大人说,我一出生就是尖嘴猴腮,到两三岁时变成了瓜子脸,十二三岁时是鸭蛋脸,结婚后变成鸡蛋脸,生孩子后变成包子脸,现在又变成回形脸。为什么会变成回形脸?我最后再揭晓谜底。

一路走来,"脸"一变再变,虽然变化速度不及川剧变脸,却一刻也没有停息。人生由幼年期而匆匆行至中年,脸由稚嫩转向成熟,肤色由光鲜变为暗淡,皮肤由吹弹可破变为皱纹横生。我们在不停地变化,脸也在不停地变化。大概只有在学生的作文里,才会永远是"千人一面","脸"似乎从来不会发生什么变化。

这让我想到《千与千寻》里的无脸男。当大家都一样的时候,"有脸"与"无脸"有何区别?古往今来,"脸"的主要构造似乎也是一成不变的,用我自己的话来概括:母亲可统称为"女人",父亲可统称为"男人";写孩童只会用"可爱",写长者只会用"意味深长"。正如朱光潜老先生所说:美人都是"柳腰桃面""王嫱西施";才子都是"学富五车,才高八斗";谈风景必是"春花秋月",叙离别不外"柳岸灞桥",做买卖都有"端木遗风"。创作中出现大量的"套板反应"使文章毫无新意、死气沉沉。

如何让"脸"富有变化、与众不同、鲜活灵动起来呢?我们不妨从《围城》中找出一些例子,来看看钱锺书先生是怎么描写人物外貌的。

《围城》中,方鸿渐在游轮上遇到一对母子。"孩子不足两岁,塌鼻子,眼睛两条斜缝,眉毛高高在上,跟眼睛远隔得彼此要害相思病。"寥寥数语,人物形象立刻鲜活起来。刻画人物肖像,不必面面俱到,只需三言两语突出特征即可。我们来分析这段描写,孩子眼睛是"斜缝",足见其小；眉毛与眼睛在"害相思病"，足见眉毛与眼睛的距离之远。至于孩子究竟长什么样，似乎已经不重要了，我们只要给孩子脸上安上这样的眉毛、眼睛和鼻子，这张脸就成了。

再如书中苏文纨小姐的外貌描写。"皮肤在东方人里，要算得白，可惜这白色不顶新鲜，带些干滞。她去掉了黑眼镜，眉清目秀，只是嘴唇嫌薄，擦了口红还不够丰厚。"苏小姐肤色白，可惜白得"不顶新鲜，带些干滞"，说明她的脸色不够光鲜、水润。"嘴唇嫌薄，擦了口红还不够丰厚"一句，使苏小姐的"不够丰厚"与同时期出现的"熟食铺子"鲍小姐的火辣开放形成鲜明对比。

《围城》又是这样描写孙柔嘉女士的。"孙小姐长圆脸，旧象牙色的颧颊上微有雀斑，两眼分得太开，使她常带着惊异的表情。打扮甚为素净，怕生得一句话也不敢讲，脸上滚滚不断的红晕。"用象牙色形容孙嘉柔的面色，可见这种白色不是亮白；脸上的雀斑和分得很开的双眼使孙嘉柔的形象与众不同。等到汪太太出场，作者就写："骨肉停匀，并不算瘦，就是脸上没有血色，也没擦胭脂，只敷了粉。嘴唇却涂泽鲜红，旗袍是浅紫色，显得那张脸残酷地白。长睫毛，眼梢斜撇向上。"只一个"眼梢斜撇向上"就可以将汪太太与众女性分开。

再看这一段。"那女孩子年纪虽小，打扮得脸上颜色赛过雨后虹霓，三棱镜下日光或者姹紫嫣红开遍的花园。她擦的粉不是来路货，似乎泥水匠粉饰墙壁用的，汽车颠动厉害，震得脸上粉粒一颗颗参加太阳光里飞舞的灰尘。她听汽车夫愈骂愈坦白了，天然战胜人工，涂抹的红色里泛出羞恶的红色来，低低跟老子说句话。"小女孩打扮成这副模样，实在看不出什么"孩子的味道"了。

仔细分析钱锺书先生笔下的人物肖像描写，不难发现，只要抓住一点，凸显个性，就能使笔下人物栩栩如生、独具特色。

我们再来看几处描写。

"孙太太眼睛红肿，眼眶似乎饱和着眼泪，像夏天早晨花瓣上的露水，手指那么轻轻一碰就会掉下来。"孙太太受了委屈，无法言说，所以早晨起来，眼睛是红肿的。作者用"眼眶似乎饱和着泪水，像夏天早晨花瓣上的露水"这样的比喻,形象而传神地描绘出孙太太的状态及心情。

"方鸿渐看唐小姐不笑的时候,脸上还依恋着笑意,像音乐停止后袅袅空中的余音。许多女人会笑得这样甜,但她们的笑容只是面部肌肉柔软操,仿佛有教练在喊口令:'一!'忽然满脸堆笑,'二!'忽然笑不知去向,只余个空脸,像电影开映前的布幕。"情人眼里出西施,在方鸿渐的眼里,唐小姐笑得"余音袅袅",与其他女性是不同的。作者同时使用对比与通感,突出了唐小姐在方鸿渐眼里的与众不同。再结合前文中唐小姐的外貌描写:"新鲜得使人见了忘掉口渴而又觉嘴馋,仿佛是好水果。"这个"好水果"与方鸿渐第一次见到的苏文纨的"白色不顶新鲜"的脸形成对比,又遥相呼应,苏小姐与唐小姐在方鸿渐眼里和心里的地位差异立现。

善用修辞是钱锺书先生人物描写的又一大特点。修辞手法的娴熟运用,突出鲜明的感情色彩。

在他笔下,电车上不过十六七岁的女子"脸化妆得就像搓油摘粉调胭脂捏出来的假面具"。作者同时使用比喻与夸张,让这张脸活灵活现地呈现在读者面前。再如,"顾乐谦听说是妓女,呆呆地观之不足,那女人本在把孙小姐从头到脚地打量,忽然发现顾先生的注意,便对他一笑,满嘴鲜红的牙根肉,块垒不平像侠客的胸襟,上面疏疏地缀几粒娇羞不肯露出头的黄牙齿。顾先生倒臊得脸红,自幸没人瞧见,忙跟孙小姐进店。"用"侠客的胸襟"来形容女人"满嘴鲜红的牙根肉",用"娇羞"来形容"黄牙齿",真是尽显文人的恶毒。用钱锺书先生自己的话来说,就是"忠厚老实人的恶毒,像饭里的砂砾或者出骨鱼片里未净的刺,会给人一种不期待的伤痛"。这些词语把女人写成了"女人",想来令人反胃,真不知道这小说人物的原型把作者怎么了,让作者这么恶心。但又不得不佩服作者用词的功力,绝妙的修辞加上精确形象的语言,让人物跃然纸上。

《围城》全书共15万字,仅比喻就多达700多条。钱锺书先生借助修辞,极尽讥讽与调侃,表达了"忧世伤生"的深沉情感和无比愤慨的激昂情绪。

除了直接描写,小说中时时出现的侧面烘托使人物形象更加丰满。例如在描写"生得怪样,打扮得妖气"的沈太太时,作者借方鸿渐的感受来嘲讽沈太太的"臭味交响曲"："熏得方鸿渐泛胃""可见巴黎大而天下小"。

"她眼睛下两个黑袋，像圆壳行军热水瓶，想是储蓄着多情的热泪。嘴唇涂的浓胭脂给唾沫带进了嘴，把黯黄崎岖的牙齿染道红痕，血淋淋的像侦探小说里谋杀案的线索，说话常有'Tiens！''O la，la！'那些法文慨叹，把自己身躯扭摆出媚态柔姿。她身体动一下，那气味又添了新的一阵。鸿渐恨不能告诉她，话用嘴说就够了，小心别把身体一扭两段。"

生动的描写，外加男主人公细腻的心理感受，使人物性格一下子就凸显出来。"鸿渐恨不能告诉她，话用嘴说就够了，小心别把身体一扭两段。"方鸿渐的"恨不能"突出了沈太太夸张的表情与行为，让读者不禁觉得沈太太与那位"下唇肥厚倒垂，一望而知是个说话多而快像嘴里在泻肚子下痢"的沈先生倒是天生一对。

钱锺书先生用其精湛的描写手法将每个人物都刻画得栩栩如生、入木三分。要想习得人物描写技巧，就要学会多观察生活，这样我们才能积累丰富的素材，以供写作使用。观察生活，注意抓住生活中的细节，细微之处方显个性特征。

例如《围城》对胡子的描写。"胡子常是两撇，汪处厚的胡子只是一画。他二十年前早留胡子，那时候做官的人上唇全毛茸茸的，非此不足以表身分，好比西洋古代哲学家下颔必有长髯，以示智慧。他在本省督军署当秘书，那位大帅留的是菱角胡子，就像仁丹广告上移植过来的，好不威武。他不敢培植同样的胡子，怕大帅怪他僭妄；大帅的是乌菱圆角胡子，他只想有规模较小的红菱尖角胡子。谁知道没有枪杆的人，胡子也不像样，又稀又软，挂在口角两旁，像新式标点里的逗号，既不能翘然而起，也不够飘然而袅。他两道浓黑的眉毛，偏根根可以跟寿星的眉毛竞赛，仿佛他最初刮脸时不小心，把眉毛和胡子一股脑儿全剃下来了，慌忙安上去，胡子跟眉毛换了位置；嘴上的是眉毛，根本不会长，额上的是胡子，所以欣欣向荣。这种胡子，不留也罢。五年前他和这位太太结婚，刚是剃胡子的好借口。然而好像一切官僚、强盗、赌棍、投机商人，他相信命。星相家都说他是'木'命'木'形，头发和胡子有如树木的枝叶，缺乏它们就表示树木枯了。四十开外的人,头发当然半秃,全靠这几根胡子表示老树着花,生机未尽。但是为了二十五岁的新夫人,也不能一毛不拔,于是剃去两缕,剩中间一撮,又因为这一撮不够浓,修削成电影明星式的一线。这件事难保不坏了脸上的风水,不如意事连一接二地来……"单是这一撇胡子,就描写得如此之细致。这胡子是该有还是该无?该是一撇还是两撇?该是乌菱圆角胡子还是红菱尖角胡子?倘若没有对生活细致入微的观察,这么多胡子就无法写出来。

再如,"方鸿渐到馆子,那两个客人已经先在。一个躬背高额,大眼睛,苍白脸,戴夹鼻金丝眼镜,穿的西装袖口遮没手指,光光的脸,没胡子也没皱纹,而看来像个幼稚的老太婆或者上了年纪的小孩子。一个气概飞扬,鼻子直而高,侧望像脸上斜搁了一张梯,颈下打的领结饱满齐整得使鸿渐绝望地企羡。辛楣了见鸿渐,热烈欢迎。彼此介绍之后,鸿渐才知道那位躬背的是哲学家褚慎明,另一位叫董斜川。"在这一段中,第一个人"光光的脸,没胡子也没皱纹",只是简单扫一眼是看不出这些特征的,需要仔细看。"颈下打的领结饱满齐整得使鸿渐绝望地企羡"一句,作者连颈下领结的状态都能写得如此详细,这是何等的细致。

不仅仅是人物,小说中的景物描写同样能体现作者对环境细致入微的观察。

《围城》对旅店四周环境的描写如下:"这是片荒山冷僻之地,车站左右面公路背山,有七八家小店。他们投宿的店里,厨房设在门口,前间白天是过客的餐堂,晚上是店主夫妇的洞房,后间隔为两间暗不见日、漏雨透风、夏暖冬凉、顺天应时的客房。店周围浓烈的尿屎气,仿佛这店是棵菜,客人有出肥料灌溉的义务。"若没有细致入微的观察和丰富的生活体验,恐怕是写不出这么形象的文字的。

没有丰富的知识积累,文章写起来自然没有底气,更不会大气。钱锺书先生知识的广博是常人难以企及的。他的文章旁征博引、妙趣横生,这源于他深厚的文学涵养。钱锺书先生被誉为"三通":通古今,通中外,通学理。他的《谈中国诗》引用外国诗歌有十多次。《围城》自然也不例外,古今中外逸闻趣事信手拈来,同时还融入科学、文学、哲学、历史、宗教、艺术、民俗等各领域的知识，令人目不暇接。

例如，"方鸿渐自信对她的情谊到此为止，好比两条平行的直线，无论彼此距离怎么近，拉得怎么长，始终合不拢来成为一体。"作者运用数学知识来比喻方鸿渐与苏文纨的情谊，准确生动。"灯光照着孙小姐惊奇的眼睛张得像吉沃吐（Giotto）画的'O'一样。"用意大利画家精湛画技画出的"O"来比喻孙小姐惊奇的眼睛，形象具体。

读万卷书，行万里路。博学需广识，闭目塞听、闭门造车是断不可行的。多样经历使人经验丰富。钱锺书先生1910年出生于江苏无锡，毕业于清华大学外文系，被授予文学学士，后赴上海，入光华大学任教。1935年赴英国牛津大学留学。毕业后任教于多所高校，晚年就职于中国社会科学院。杨绛先生在《记钱锺书与〈围城〉》中说钱锺书先生"从他熟悉的时代、熟悉的地方、熟悉的社会阶层取材"。《围城》中的很多人物与生活细节，都是钱锺书夫妇真实的人生经历。虽然故事人物、情节是虚构的，但依然不乏生活的真实。

在《记钱锺书与〈围城〉》中，杨绛先生进一步指出："我们乘法国邮船阿多士Ⅱ（Athos Ⅱ）回国，甲板上的情景和《围城》里写的很像，包括法国警官和犹太女人调情，以及中国留学生打麻将等等。""鲍小姐是综合了东方美人、风流未婚妻和埃及美人而抟捏出来的。锺书曾听到中国留学生在邮船上偷情的故事，小说里的方鸿渐就受了鲍小姐的引诱。鲍鱼之肆是臭的，所以那位小姐姓鲍。"

从文学创作的角度来看，没有完全虚构的人、事、物，文学是现实生活的反映。如《围城》对于饥饿的描写："鸿渐饿得睡不熟，身子像没放文件的公事皮包，几乎腹背相贴，才领略出法国人所谓'长得像没有面包吃的日子'还不够贴切；长得像没有面包吃的日子，长得像失眠的夜，都比不上因没有面包吃而失眠的夜那样漫漫难度。"

再来看钱锺书先生笔下的鼾声："那声气哗啦哗啦，又像风涛澎湃，又像狼吞虎咽，中间还夹着一丝又尖又细的声音，忽高忽低，袅袅不绝。有时这一条丝高上去、高上去，细得、细得像放足的风筝线要断了，不知怎么像过一个峰尖，又降落安稳下来。"

再看看汽车的颠簸:"汽车夫把私带的东西安置了,入座开车。这辆车久历风尘,该庆古稀高寿,可是抗战时期,未便退休。机器是没有脾气癖性的,而这辆车倚老卖老,修炼成桀骜不驯、怪癖难测的性格,有时标劲像大官僚,有时别扭像小女郎,汽车夫那些粗人休想驾驭了解。它开动之际,前头咳嗽,后面泄气,于是掀身一跳,跳得乘客东倒西撞,齐声叫唤。"

这些描写,其实都是真实生活在大师笔下的再现。

若要习得钱锺书先生写作的精髓,让人物在笔下鲜活起来,就需要下一番功夫,仔细咂摸语言的妙处。

现在再回过头来,说说我的脸为什么变成"回"字形了。如果是"国"字脸,那就表明只是脑袋和脸大了一些,脸上的五官还可以寻见;但成了"回"字,脸上的五官可就不见了,只有两圈包子、两层肉了。五官去哪儿了呢?疫情期间,待在家里哪里也不去,即使不用护肤品,脸也够白。毛发不够旺盛、五官不够凸显的时候,塌鼻子镶嵌在"广袤"的大脸上,实在难寻。除了能看到"回"字,还能看到什么?

语言多彩,满篇皆活

前几天,我到理发店去理发,可不知为何理发师没有给我剪刘海。回家之后,左看右看都觉得不顺眼,于是自己"操刀"剪了一通。剪完之后问我家孩子:"妈妈的刘海剪得怎么样?"女儿前看后看,左看右看,最后说了一句:"印堂有点漏风。"上课时,我问学生:大家现在想象一下,看你能不能想得到我当时给自己理完发之后的形象。

学生们开始七嘴八舌地讨论:"漏风"说明刘海有点短?刘海有点不齐?在印堂处,被老师剪开了一个豁子?这几种情况都有可能。

这样看来,"印堂有点漏风"这句话可以引起学生丰富的联想和想象。

这句话的特点是什么?为什么能够引起学生的联想和想象?

先来看看问题:妈妈的刘海剪得怎么样?

这句话的主语不应该是"刘海"吗?

然而女儿说:"印堂有点漏风。"可见叙述角度已经发生偏移。

再看看"漏风"。这个词具有多重含义,而在这多重含义中就包含着我要问的那个问题:刘海剪得怎么样?

在这里提到理发的事,是想和大家聊一聊"文采",即语言的丰富性和多样性。

高考作文评分标准对"文采"也有相应要求。高考作文发展等级评分中"有文采"的评定标准有以下四点:用词贴切,句式灵活,善于运用修辞手法,文句有表现力。可见"有文采"表现为三方面,即词语、句式、修辞。简单来说,就是怎样选择词语和句式,怎样灵活运用修辞手法,来加强语言表现力。我们已经学过这部分内容了。但是,同学们在写作过程中,依然有语言干瘪、不够形象的问题。所以,懂得如何让作文"有文采"是很有必要的。

上高中的时候,我和我的同学一起逛街。突然,有位女性从我们身旁

走了过去。我同学便来了一句:"这个女人好雄壮。"因为这个"雄壮",我偷着乐了几十年,每次想起都忍不住想笑。

"雄壮"好在哪里?"雄壮"是极富男性色彩的词语,一般而言与女性沾不上边。"雄壮"一出,女性美即被"七笔勾"——娉婷袅娜一笔勾,纤腰玉带一笔勾,衣香满路一笔勾,端庄风流一笔勾,媚眼含羞一笔勾,花容月貌一笔勾,耀如春华一笔勾。

总而言之,"雄壮一出,女性全无"。凡是与女性有关的美好的词语,都和她不沾边了,可见这"雄壮"的杀伤力有多大。

"有文采"不仅仅体现在词语运用上。在描述对象时,更重要的一点是使用"文学的语言",使文句意蕴丰富。

何谓文学的语言?一句话概括,文学的语言就是形象、生动、精练的语言。

我们可以比较一下"日子过得真慢"和"岁月在令人欲死的炎热下黏了起来"这两个句子的异同。它们的相同之处是说日子过得慢,不同之处在于前者表达很直接,虽简洁明了,足够精练,却不够形象生动,无法引起人们的联想和想象;而后者使用了修辞,使"岁月"这一抽象事物具有了画面感,令人遐想,让静止的句子活了起来。由此可见,修辞手法的运用可赋予语言生动性、形象性。

再如《围城》中的一段话。"方鸿渐还想到昨晚那中国馆子吃午饭,鲍小姐定要吃西菜,说不愿意碰见同船的熟人,便找到一家门面还像样的西馆。谁知道从冷盘到咖啡,没有一样东西可口:上来的汤是凉的,冰淇淋倒是热的;鱼像海军陆战队,已登陆了好几天;肉像潜水艇士兵,会长时期伏在水里;除醋外,面包、牛肉、红酒无一不酸。"

"上来的汤是凉的,冰淇淋倒是热的",说明该热的不热,该凉的不凉;"除醋外,面包、牛肉、红酒无一不酸",说明该酸的不酸,不该酸的酸了。这样的反差对比,幽默俏皮,让人会心一笑。"鱼像海军陆战队,已登陆了好几天;肉像潜水艇士兵,会长时期伏在水里",这样的比喻形象生动,让这一场浪漫的约会,变成了一次十足的"尬聊"。

又如"希望是本无所谓有,无所谓无的。这正如地上的路;其实地上本没有路，走的人多了，也便成了路"。比喻使文句具有深刻的内涵与意蕴。

由此可见，精心挑选词语，可为文句增添动态感、色彩感，可以引人联想；而比喻、比拟、借代等多种修辞手法的应用，可使语言充满文学性，使描述具有画面感，生动形象，意蕴丰富，达到言有尽而意无穷的效果。

让我们再来欣赏一些范文。

远去的飞鸟，永恒的牵挂是故林；漂泊的船儿，始终的惦记是港湾；奔波的旅人，无论是匆匆夜归还是离家远去，心中千丝万缕、时时惦念的地方，还是家。

——《家》

曲曲折折的荷塘上面，弥望的是田田的叶子。叶子出水很高，像亭亭的舞女的裙。层层的叶子中间，零星地点缀着些白花，有袅娜地开着的，有羞涩地打着朵儿的；正如一粒粒的明珠，又如碧天里的星星，又如刚出浴的美人。

——《荷塘月色》

雨来了，最轻的敲打乐敲打这城市，苍茫的屋顶，远远近近，一张张敲过去，古老的琴，那细细密密的节奏，单调里自有一种柔婉与亲切，滴滴点点滴滴，似幻似真，若孩时在摇篮里，一曲耳熟的童谣摇摇欲睡，母亲吟哦鼻音与喉音。或是在江南的泽国水乡，一大筐绿油油的桑叶被啮于千百头蚕，细细琐琐屑屑，口器与口器咀咀嚼嚼。

……那里面是中国吗？那里面当然还是中国，永远是中国。只是杏花春雨已不再，牧童遥指已不再，剑门细雨渭城轻尘也都已不再。然则他日思夜梦的那片土地，究竟在哪里呢？

——《听听那冷雨》

这些整散句、对偶句、排比句、反问句，长短、整散错落有致，使语言富于变化、摇曳多姿、音韵和谐、自然流畅，有助于增强语势和文章表现力，使文章"有文采"。

《人民日报》的评论性文章在词句文段上无一不使用文学的语言，也是我们应该学习的典范。

矢志不渝"闯"下去，就要保持乘风破浪的气概。早在改革开放之初，邓小平同志就说过，"没有一点闯的精神，没有一点'冒'的精神，没有一股子气呀、劲呀，就走不出一条好路，走不出一条新路，就干不出新的事业"。"闯"意味着啃"硬骨头"、接"烫手山芋"，需要敢做"第一个吃螃蟹"的人，干常人未曾干过的事。这样的精神状态，照应的正是"闯"的意义与价值。

意气风发"闯"下去，还要涵养高出一筹的改革智慧。"闯"蕴藏着无限可能，往往可以打开通向更美好未来的大门。但与此同时，"闯"应当立足实际、把握规律，绝非盲目、冒进、蛮干。全面深化改革行进至今，"低垂的果子"早已摘完，在新的起点上，要想攻克体制机制上的顽瘴痼疾，突破利益固化的藩篱，既需要超乎以往的勇毅，也需要充满智慧的头脑。聚焦现实问题，大胆想、勇敢闯、科学干，向着改革难点、堵点发力，以"闯"的姿态当好改革促进派和实干家。

——《永葆"闯"的精神》

文章在遣词造句方面不仅非常准确，而且十分形象生动，如"啃'硬骨头'、接'烫手山芋'"等对修辞的运用。同时，该选段出现了大量四字词语，句子整散有序结合，音韵铿锵，读起来非常有气势。

另外，我们还要注意标点符号的运用。标点符号除了可以表示停顿，还可以表现逻辑和情感。例如：

一片蓝，那是墙；一片白，那是窗。我的小屋在树与树之间若隐若现，凌空而起，姿态翩然。本质上，它是一幢房屋；形式上，却像鸟一样，蝶一样，憩于枝头，轻灵而自由！

——《我的空中楼阁》

该段兼顾句子整散长短的同时，用标点符号来区分句子层次，优美的语言中透露着强烈的情感。

语言多彩，能让整篇文章显得庄重而有内涵，活泼而有灵气，清新自然而不失韵味，含蓄典雅而趣味无穷。我们写文章也应注重语言的锤炼，让在很短时间内完成的作文受到阅卷老师的青睐。

语文老师要有体育老师的"下水"精神

有的语文老师讲写作,但自己从来不写作,做"只动口不动手"的"君子"。没有见过哪个游泳教练不会游泳,只是站在水边教别人游泳的。在这一方面,语文老师一定要动一动手,要向体育老师学习,要亲自"下水",既要"动口",又要"动手",要和学生一起写文章,写"下水作文"。

我这里说的"下水作文",不仅仅是指老师亲自写给学生布置的作文,而且要写与学生的题目相同的作文,和学生同时写作文,然后让自己与学生的作文一同被展示,一同被解剖。当然,根据需要,老师可以把下水作文的初稿修改成范式作文。

老师写下水作文的好处多多。

首先,在作文教学课堂上,师生进行同题写作,老师同学生一道构思行文,学生就可以看到老师的写作过程,可以看到老师作文中可能存在的缺陷。这种真实感能很好地激发学生的写作兴趣。

其次,在进行同题写作时,老师能亲身感受到写作过程中的困惑和乐趣,感受学生的感受;在评讲作文时,能更清楚地把握学生作文中存在的问题,如立意平庸、文意分散、材料短缺、思路不清等,分析问题时就更有针对性,收到更好的效果。

最后,老师带领学生一起积极写作和投稿,能让学生感受写作所带来的成就感和乐趣。

呈现在学生面前的下水作文,不一定是定稿,也不一定是佳作,它需要经过师生的共同修改,才能最终成为优秀范文。这一过程可以使师生在共同写作中同时获得成长。

我这里特别提倡语文老师写下水作文,不只是因为上面谈到的几点写下水作文的益处,更是缘于学生写作文时反复出现的问题。在这里,我们以高考作文为例来说明。

每年的高考语文作文题目一出，就会有人在那里大呼简单，觉得类似的作文题在模拟考试中已经反反复复出现过很多次，学生得高分应该没问题。但事实上并没有想象的那么简单。近几年的高考作文题目在审题上几乎没有什么难度，话题往往都具有极高"知名度"，大家都觉得自己能押中题。只是不知道有没有人问一句：您会写吗？您写的作文能得高分吗？

学生作文普遍存在很多低级问题，比如立意平平、文体四不像、泛泛而谈、思路不清等。高考阅卷时，我们惊奇地发现我们的学生不会好好说话，不会好好说"人话"，语言的佶屈聱牙程度远远超出我们的想象。不知道是我们高估了自己的学生，还是低估了试题的难度？

这些问题充分反映了有的学生连高考作文基础等级的要求都达不到。语文老师有必要通过亲自"下水"，将自己写作并修改完成的文章作为范文，也就是以下水作文给学生以"示范"，让学生掌握规范作文的写法。借用某位名家的话，就是语文老师要有体育老师的示范精神。

那么，语文老师的下水作文会不会使学生作文出现千篇一律的现象？我觉得可能会。学生作文雷同是个很普遍的问题。很多老师会给学生印发所谓的满分作文，或者干脆买市面上流行的作文集，要求学生模仿甚至照抄，以此来训练学生的"写作"能力。我不否认这样做是有一定效果的。但凡能够大面积流传或出现在报纸杂志上的文章，肯定是有可取之处的。这就决定了会有很多人模仿着写，也就必然会使一部分作文趋同化。然而，作文需要的是"求异"，而不是"求同"。当大家都写一模一样的作文时，除了"第一个吃螃蟹"的人，其他人的作文都要落入下乘。

朋友家的孩子在某名校读书，名列前茅。模考作文经常会被老师张贴在布告栏里，以供其他学生学习；甚至会被打印出来，全年级的学生人手一份。后来考试出现类似作文题目，他们学校学生的作文都极其相似，甚至相同。先不说这些模仿者，就连最初写这篇作文的学生都没有得到预期的高分。高考作文就充分暴露了这一问题。

高考作文话题不避热点的原则，让那些"身经百战"的高考备考师生觉得自己早就积累了大量同题材料，作文材料的储备量足够，"粮多弹足"，底气十足。他们却不曾想，相同的食材经过不同厨子的手，做出的饭菜味道亦不同。事实上，我们的学生写出的文章大多是一个味道，大部分作文只能得基本分，有的甚至连基本分都得不了，更不用说脱颖而出得高分了。

写出与众不同、令人眼前一亮的文章，其实远没有想象得那么容易。老师不能冤枉学生，说你连这么简单的作文都不会写。在面对相同的题材和作文要求时，要想让学生写出标新立异的优秀作文，老师除了要对学生进行引导和思维训练外，更重要的是要把自己的下水作文同学生的优秀作文放在一起进行对比，引导学生发现师生作文不同的文风与特色，以此示范如何从不同角度写出与众不同的文章，或者将"旧酒"装出"新味"。接下来，就让我们谈一谈语文老师的下水作文应如何起到"高级示范"作用。

如果说下水作文的基本功能是针对学生的低级错误，规范学生写作的话，那么"高级示范"作用则主要针对的是学生作文无特色、无新意、千人一面的问题。老师的下水作文和学生的优秀作文均直指高考作文的发展等级，意在通过师生作文不同个性的示范，让学生的作文至少在某一方面具有特色，即写出主题深刻、内容丰富、有文采、有创意的作文。这也是我们高中写作训练的终极目标。

让老师的下水作文和学生的优秀作文一同成为师生的讨论、评价对象，使这些示范作文在立意、结构、说理、论据、描写、语言等多方面呈百花齐放之势，学生正好可借此博采众长。特别需要注意的是，老师要起到组织、引导作用，让每位"小作者"陈述自己写作时的想法，这可以给其他学生更多的启示。在作文训练中，老师要做的不只是"下水"，还应在课前做足准备，在学生发表意见后，从多个角度给学生尽量多的引导与启发，使每位学生在写作时都能积极去寻找创新点。

由此可见，这种"高级示范"不是老师的一篇下水作文就能做到的，而是由师生共同完成的。老师的下水作文一般问题较少，且往往是有针对性的个性作文；而学生的优秀作文则有很大可能比老师的作文更精彩、更富有特色。所以，老师的下水作文往往是"保底"的个性展示，学生的优秀作文才是促进学生作文个性形成的主要力量。

老师就在学生身边，学生对老师写的作文有一种天然的亲切感，学习

起来更有兴趣。老师亲自写下水作文，能更好地引导学生进行思维训练。学生可以从老师的下水作文中学到很多东西。除了学习审题立意、思维过程、构思方法、语言表达艺术等写作本身的知识技巧，还可以感受老师的认知能力、阅读积淀、表达技能、学识修养等。最终，在老师的示范引导下，学生能学会写作文，写出好作文。

所以我认为，语文老师要有体育老师的"下水精神"和示范精神，多写下水作文。

作文训练与下水作文

阅读下面的材料，根据要求写作。

18世纪法国有个哲学家叫丹尼斯·狄德罗。有一天，朋友送给他一件精致华美的睡袍，他感到非常开心。回家后，他迫不及待地穿上睡袍，在书房里走来走去，想要体验穿新衣的快乐。可是，他很快就快乐不起来了，因为家里的旧式家具、污糟地板以及各种陈设，在新袍子的衬托下显得十分不和谐。他再没有心思去感受袍子的舒适和华贵，而是赶紧把家里的陈设都换成新的，以求跟新袍子相配。

要求：综合材料的内容及含意，选好角度，明确立意，确定文体，自拟标题；不要套作，不得抄袭，不少于800字。

作文审题应注意三方面：出题人想让我写什么？我能够写什么？文章写给谁看？也就是说，写作文需要审材料、审阅卷人、审自己。

先审材料。可以从积极、消极两方面着手分析"狄德罗效应"。积极的方面，如可以激励我们追求更多更完美的品质，可以改变自我，促进自我等；消极的方面，如被外物迷惑，迷失自我，永不满足，失去了真正的快乐等。当然，也可以辩证地看问题，如既要有追求，又要知足常乐。

再审出题人，他更倾向于哪一种观点？或者，自己更适合写哪一种观点？在哪一点上有想法？

最后审自己。看自己在哪一方面的素材积累更丰富，有话可说。

语文老师可根据自己的喜好和擅长的题材写下水作文。在此提供三篇下水作文作为参考。其中,第一篇和第二篇侧重于展现思维过程和结构章法,第三篇侧重于展现立意和说理的高度。

坚守己身　但求本心

哲学家因为一件睡袍而换掉了自己的家具、地毯,乃至自己的整个书房,可怜的人最后才觉得自己被一件睡袍所胁迫。(引用材料)人世浮沉,黑白浑浊,鱼龙混杂,当我们被外界事物迷惑,忘记初心时,悲剧往往会如约而至。(提出问题)

不乱于形,不惑于心,坚守己身,但求本心,不忘初心,拥有一颗坚定的心,才能跳出世俗的羡慕,消磨贪念与执迷,拥有高尚的志趣,拥有丰硕的人生。(提出观点)

坚守己身就是守志向、守本心。(分论点一)

数年如一日,他坚守本心,坚守志向,矢志报国。经历过长津湖战役、动过47次手术的伤残军人朱彦夫,用坚强意志和民族情怀书写着极限人生,践行着初心使命,完成了战友们没能完成的任务。中华人民共和国的旗帜上永远有他们血染的风采。

坚守己身就是守清贫、守气节。(分论点二)

"历经磨难,初心不改,在深山中倾听,于花甲年重启。两代人为理想澎湃,一辈子为国家深潜,你如同你的作品,无声无息,但蕴含巨大的威力。"当感动中国的声音再一次响彻中华大地的时候,彭士禄的理想再一次点燃无数青年的激情。彭士禄为核动力事业坚守清贫,奉献一生。他说:"只要祖国需要,我愿意贡献一切。"彭士禄为核动力事业坚守清贫,默默奉献,在祖国复兴的大道上留下了深深的脚印。

罗曼·罗兰说,人最可怕的敌人,就是没有坚强的信念。他们拥有坚定的信念,拥有一颗坚定的心。(正面论证)

内心不坚定的人,终究会被外物迷惑,最后落入世俗的泥潭,难以自拔。小鸟禁不住诱惑,落入了猎人的罗网;鱼儿禁不住诱惑,咬住了渔夫的鱼钩;人生禁不住诱惑,误入生活的歧途,忘记初心,迷失自我。贪财的,被财拖累;贪权的,被权迷惑,最终落得个两手空空,身败名裂。

韩信贪恋权贵，后因权贵丧命；和珅贪恋钱财，后因钱财被抄；坚守本性的陶渊明，为后人敬仰；视权贵如粪土的李白，万世流芳；执着为民、坚守本心的孙中山，为后人敬仰，名垂千古；卖国求荣、三易其志的汪精卫，为人唾弃，遗臭万年。（正、反对比论证）

拥有坚定的心，才能坚守节操，守护真我。你既然期望辉煌伟大的一生，那么就应该从今天起，以毫不动摇的决心和坚定不移的信念，凭自己的智慧和毅力，创造你和人类的快乐。（总结全文）

知足常乐　淡泊守志

苏格拉底曾经说过："当我们为奢侈的生活而疲于奔波的时候，幸福的生活已经离我们越来越远了。幸福的生活往往很简单，比如最好的房间，就是必需的物品一个也不少，没用的物品一个也不多。"

当配套效应在狄德罗的身上奏效，当我们迷失于生活中无谓的攀比与享乐的时候，生活已经失去了最原始的味道。用鲁迅的话来说，就是"生活为物质所累"。保持内心的质朴与宁静，丢弃世俗的欲望与攀比，知足常乐，我们会拥有更幸福的人生。（提出问题）

欲望是罪恶的源泉，它会让我们失去本心，不懂满足，失去快乐。童话里的老妇人无休止地向金鱼提要求，即使位及女王，依然难以填补她的欲壑，最终只落得个"两间破草屋，一个小老头"。从表面看来，生活似乎并没有发生变化，但实际上，老妇人再也无法像之前一样，享受温饱带来的快乐与幸福。当我们打开生活的"潘多拉魔盒"之时，注定要承受人生不可承受之重。（根据材料分析问题）

质朴的生活能使我们反观精神的深处，在人性的土地上开出智慧的花朵。子曰："贤哉，回也！一箪食，一瓢饮，在陋巷，人不堪其忧，回也不改其乐。贤哉，回也！"孔子恨不得将世间所有溢美之词都给予他的贤徒颜回，这并不是因为颜回有多高地位，有多少金银，而是因为他能安贫乐道，矢志不渝。智慧的人，不管是身披华丽的睡袍，还是如苏格拉底般行走在雅典的大街上，都难以掩盖其智慧所散发的光芒。

君子固穷。"不为五斗米折腰"的陶渊明在贫瘠的土壤里培育了"贫贱不能移"的中国文人最质朴的美;穷困潦倒、困守孤舟的杜甫在无垠的江河中根植了中国知识分子"位卑未敢忘忧国"的魂。物欲刺激下的消费是个无底洞,即使用物品堆满房间,也难以掩盖内心的空虚与慌乱;淡泊质朴的生活却如深谷幽兰,散发的幽香可以弥漫人性的每一个角落。(分析问题并拓展话题)

不要让无尽的欲望迷惑了心智,不要让无边的欲望泯灭了良知。热爱你的睡袍吧,不论它是华丽还是破烂,知足常乐;坚守你的内心吧,不论它是高贵还是卑微,淡泊守志。(解决问题)

着华丽睡袍,成不凡人生

狄德罗为了让自己配得上袍子,更改了整个书房的风格;小姑娘的妈妈为了让周围环境配得上孩子老师送给孩子的蝴蝶结,打扫了整个街道;流浪汉为了让自己配得上卖花姑娘送他的玫瑰花,刮了胡子,理了头发,后来成了百万富翁。倘若只看到身上的袍子,"躲进小楼成一统,管他冬夏与春秋",如何能成就大的人生?个人的成长离不开外在的"胁迫",化压力为动力,变"胁迫"为"追求"。让我们拥有最华丽的袍子,成就不凡的人生。

很多故事,都源于"袍子";很多成就,都源于"胁迫"。鲁迅最初只是希望成为一位救死扶伤的医生,后来发现,他不论怎么努力,都不能改变人们的麻木自私、社会的冷酷无情,所以他弃医从文,扛起民族的大旗,救民愚昧。他是被"胁迫"而成的一位文学家、革命家。倘若他没有被"胁迫",这世界上或许会多出一位医术精湛的医生,而少了一名唤醒民众的伟人。

很多励志的故事,都源于那个不满足于现状的自己。狄德罗的"袍子"告诉我们,想要拥有更昂贵的袍子,就需要有更优秀的自己。跳出舒适圈,逼自己一把,你才知道自己有多么优秀。人生的精彩很大一部分源于未知,因为未来不确定,所以我们去追求,去探索,去享受人生带来的乐趣。倘若从生到死，一直满足于身上破旧的"袍子"，那人生有何意义？正是因为我们不断地尝试，不断地调整，才走出与众不同的人生之路。

习近平总书记在梁家河时，为实现自己远大的理想，发奋读书。"他碰到喜欢看的书，就要把书看完；遇到不懂的事情，就要仔细研究透彻。""上山放羊，揣着书，把羊拴到山坡上，就开始看书；锄地到田头，开始休息时，就拿出新华字典记一个字的多种含义，一点一滴积累。"在那个"上山下乡"的年代，整个社会文化活动匮乏，黄土高原闭塞而荒凉，青年习近平却"痴迷"读书，"一物不知，深以为耻，便求知若渴"。艰难困苦，玉汝于成，习近平总书记终于拥有了他生命的华袍。

中华人民共和国成立之初，我们处在被封锁的国际局势之下，这样的国际环境"逼迫"我们自力更生。原子弹实验成功了，卫星上天了，核潜艇入海了，中国人以"敢上九天揽月，敢下五洋捉鳖"为华袍，用坚毅的精神、无畏的勇气、不屈的意志让中华民族屹立于世界的东方。中国航天追梦人为国家立志，为科学先行，用一个个坚实的脚印将中国人几千年来的梦想化作现实，让五星红旗一次次飘扬在茫茫太空。我们感动于这些敢于超越、勇于超越的身影，他们始终为梦想执着奋斗，用汗水书写着中国担当，展现着中国智慧。

人生何所畏，大笔写人生。让我们身着华袍，成就不凡人生。

那些人，那些事……
——写人、叙事、抒情类文章的写作训练

本训练设计依托《高中语文·必修一》第三单元的教学目标，整合单元教学材料，结合《纪念刘和珍君》的内容，以《记梁任公先生的一次演讲》为抓手，引导学生学习高中阶段写人叙事类文章的写作技巧。

本训练计划以课文教学为依托，在训练过程中，要求学生精读《记梁任公先生的一次演讲》，把握人、事、景、情、理的关系，学习在叙事过程中描写人物的方法与技巧，分析人物形象，品味语言，体会作者质朴自然的语言中所包含的深沉感情。可从梁启超演讲的特点、内容、风貌等方面进行分析。

精句赏析。试分析下列句子展现人物性格、塑造人物形象的方法和特点。

> 我很幸运的有机会听到这一篇动人的演讲。那时候的青年学子，对梁任公先生怀着无限的景仰。

赏析：读其文，先知其情。文章开头以"情"夺人，读者最先感受到的是一个学生对老师的无限尊敬与仰慕，从而带着"敬畏之心"走入文章。

> 他的讲演是预先写好的，整整齐齐地写在宽大的宣纸制的稿纸上面，他的书法很是秀丽，用浓墨写在宣纸上，十分美观。

赏析：虽然语言朴素，但感情非常真挚。作者不吝赞美之词，表达对先生的欣赏和热爱。

> 我记得清清楚楚，在一个风和日丽的下午，高等科楼上大教堂里坐满了听众，随后走进了一位短小精悍秃头顶宽下巴的人物。

赏析：寥寥几笔，形象立显。描写不一定要多，但一定要精。抓住突出特征，选取独特的角度，进行漫画式勾勒，让人物栩栩如生。

> 他走上讲台，打开他的讲稿，眼光向下面一扫，然后是他的

极简短的开场白,一共只有两句,头一句是:"启超没有什么学问——"眼睛向上一翻,再轻轻点一下头:"可还是有一点喽!"

赏析:这段对于神态和动作的描写,让人物活了起来。"扫""翻""轻轻"等词语的连续使用,使人物活灵活现。

他的广东官话是很够标准的,距离国语甚远,但是他的声音沉着而有力,有时又是宏亮而激亢。所以我们还能听懂他的每一字,我们甚至想,如果他说标准国语,其效果可能反要差一些。

赏析:张爱玲说:爱一个人的时候,他做什么都是对的;不爱一个人的时候,他什么都不做都是错的。学生爱老师竟然爱到了这种地步,不单他的优点是优点,连他的缺点也变成了优点。如若没有极大的尊重与爱,作者断是说不出这样的话来。看似平实的语言,转换角度之后,却有意想不到的表达效果,值得我们仔细咂摸品读。

有时候,他背诵到酣畅处,忽然记不起下文,他便用手指敲打他的秃头,敲几下之后,记忆力便又畅通,成本大套地背下去了。他敲头的时候,我们屏息以待,他记起来的时候,我们也跟着他欢喜。

赏析:他着急,"我们"便着急,他高兴,"我们"也高兴,我们的情绪始终随着他的变化而变化。文题是"记梁任公先生的一次演讲",果然处处有梁任公,处处有演讲。写人与叙事完美结合,既不因人废事,也不因事废人。同时,将作者的感情巧妙地融入其中,或直抒胸臆,表达对老师的尊敬与热爱;或将感情藏于叙事描写之中,流畅自然,酣畅淋漓。

他真是手之舞之足之蹈之,有时掩面,有时顿足,有时狂笑,有时叹息。

赏析:描写的细腻源于观察的细腻,观察的细腻源于心灵的细腻。听先生讲课者很多,但能写出如此之文章者甚少。观察生活,不仅仅要用眼睛,更要用心去体会。

有学问,有文采,有热心肠的学者,求之当世能有几人?于是我想起了从前的一段经历,笔而记之。

赏析:本文是通过写先生的演讲来写先生?还是通过写先生来写演讲?

演讲是先生的演讲，先生是演讲时的先生，可见，先生才是文章的主角。作者在文末再一次给予先生高度评价，同时也总结全文。不论是写人还是叙事，文章总归需要一些设计，不能千篇一律，毫无特色，也不能人云亦云，不知所云。

师生分析并总结方法。倾注足够的感情，选择独特的角度，运用巧妙的设计，使用细腻的笔触。

任务布置。要求学生运用上述四种方法，写一篇有真情实感的文章。要求叙事完整，感情真挚，内容真实，富有感染力。

以下为学生优秀作文。

老去的电瓶车（白芯华）

我不信"海上生明月，天涯共此时"的潇洒友情；我不信"十年生死两茫茫，不思量，自难忘"的忠贞爱情；我不信"稚儿擎瓜柳棚下，细吠逐蝶窄巷中"的短暂快乐；我不信"野径云俱黑，江船火独明"的孤独寂寞。世人歌颂大多数的情，我并不相信会有多长，我更不相信有一天父母会在我身边迅速老去。

父亲来学校接我。电动车上，我感到车慢得出奇。眼看着旁边的自行车都要超过我们，我实在忍不住，"爸，咱们快点。""我今天没充电，车的电瓶又坏了，充不进去，走不快。"

我们家的电瓶车老了。犹记得当年新买来的时候，这辆车通身火红，威风凛凛。可现在，掉漆的部分像斑点一样破坏了它往日的美感，只让人觉得破败，再无美感可言！它变老了，变慢了——而我父母竟也是这样，这给我带来了莫大的惶恐。

我着急回家，"妈，你走快点！"

"你自己在前面走，钥匙给你。"

"那你就不能走快点？咱们一起回。"

"我走不快，我腿疼。"

我突然愣住，冰冷黑夜中，母亲翻来覆去，我竟毫无察觉，又或许即使看见也毫不在意。我的快与父母的慢，就在此时界限清晰，在我们之间画出一道沟壑，血淋淋地画在我的心头。犹记当年，父亲的车开得很快，母亲每每都要提醒他注意安全。可现在随着时间的推移，高大的、无所不能的他和这辆电瓶车一同老了。

在我不知道的地方，他们迅速地变老，身体虚弱，疾病缠身。我就像初升的太阳，向最年轻、最富有生机的山顶上冲刺；他们却从山顶摔到山脚，惶惶无所依从。即便这样，他们仍希望我能爬上山顶，爬上人生的山顶。

母亲对我的学习很重视，每周离家，她总是叮嘱一句：好好学习。母亲说，她供我读书，只是希望我未来能有选择生活的权利，有自己独立的经济来源，而不是像她一样，一辈子都绕着灶台转。他们承受生活的所有打击，却用身躯为我筑成避风港。这辈子吃药最多的母亲却不想让我吃半粒药。

倘若世间皆毁，何物得以永存？是我的父母对我的爱。

师傅（白捷瑞）

"明师之恩，诚为过于天地，重于父母多矣。"他是烈阳，刺破黎明，给予我万丈光芒。——献给我敬爱的老吴。

初见他时，他正与几位老师在球场上散步。不同于其他几位老师的文质彬彬，他那犀利的小眼神，油光锃亮的脑袋，更像一个凶狠而苛刻的小老头。

再见他时，他已然成了我的班主任。讲台上刚毅挺拔的背影，与他给我的第一印象是那么不相符。枯燥乏味的历史被他讲得妙趣横生，与上课内容无缝衔接的小笑话，总是逗得全班同学哄堂大笑。那些时髦搞笑的流行语，他可以脱口而出，与他谈话总能让人忘记时间的流逝。不知不觉间，"凶神恶煞"的老吴已荡然无存，取而代之的则是和蔼之中带着一丝严厉、幽默之中藏着几分"猥琐"的最好的老吴。

吴老师是我见过的最负责任的老师。身为我们学校的行政副校长，老吴同志可谓"日理万机"，可他并没有因为忙而给我们少上一节课，或者在课堂上敷衍我们，更没有因为忙而对班里的同学不闻不问。相反，老吴的课有口皆碑，他对班里同学的情况了如指掌。尤其是对我，他给予了更多的关怀。

我从小就是最让老师们头疼的问题学生。自幼习武的我向来锋芒毕露，无所畏惧。而且，我性情烈如火，眼中容不下一粒沙子，很容易与人发生冲突。

果不其然，分班后没多久就发生了令我感到不爽的事。时任卫生委员的我因为个别同学不好好打扫卫生而大发雷霆，撸起袖子、拿起扫把就要找他"兴师问罪"。然而待我行至班门口，发现老吴就在门口的花坛边坐着。"老吴应该不知道吧？"看着满面春风的老吴，我心里不禁产生了这样的疑问。我也管不了那么多，径直走进班里四处巡视，想要找到那个利己主义者。这时，老吴拍了拍我的肩膀，示意我出去。他什么也不说，只是对我笑，我不知道这是否是暴风雨来临前最后的宁静。我不知所措，只等那十余年专属于我的疾风骤雨。良久，老吴终于开口，不过却并未责罚我，反倒很关切地问我："现在还是一个人住吗？""嗯，我爸妈很忙。"回答他时，竟有一种孤独感在我心中泛起。他给了我一个大大的拥抱，让我忆起了那个曾经也拥抱过我的身影。此时此刻，我再也不想去出那口恶气，心中只有无尽的后悔与惭愧。

他是恩师，也是父亲。

外婆和她的红烧肉（张园园）

久违的雨在窗外下着，红泥小炉，一缕青烟在澄澈的天空中飘荡。一支笔，一声叹息，折叠的心迹，在娓娓叙述中渐渐展露出笑颜。

依稀记得，小时候的我嘴很馋，只知道缠着外婆给我做红烧肉。她每次都爽快答应，牵着我的小手，拄着细长的拐棍去集市挑选上好的五花肉。回来也不休息，立马洗净切块，添加各种辅料，再用小火爆煨。忙完这些，外婆像刚刚指挥完战斗的将军，长吁一口气，解下围裙，搬一个小板凳坐在火炉旁，一边拿着蒲扇慢慢地扇，一边对我说，红烧肉最大的特点就是

肥而不腻，就像我们这亲情，隔辈亲，辈辈亲。阳光照到她的脸上，洒进深深的褶皱里。她不笑，却能从她的脸上感受到浓浓的幸福。

外婆万般欢喜地跟我说，她赶上了好时候，不用裹脚了，不耽误干活。说这话的时候，外婆总是面带笑容，皱纹伴随着这份满足舒展开来。锅里不断飘来香味，我的心早已飘到红烧肉上，流着口水问外婆："可以了吗？"

终于，红烧肉出锅了。厚厚的肥肉上垫着薄薄的瘦肉，肥瘦搭配，味道恰到好处；再撒上一层薄薄的葱花，美味之中又增添了一种清香与独特。我抱着碗，吃得津津有味。外婆总是在一旁看着我，提醒我慢点吃，别噎着。贪吃的外孙，慈祥的外婆，飘香的红烧肉，那是童年最美的时光。到了上学的年纪，父母把我从外婆家接了回来。他们依旧很忙，做得更多的只是给我钱，而不是陪伴，这让我更加怀念与外婆度过的时光，怀念外婆家的红烧肉。

每年节假日，妈妈总会把外婆接来，却叮嘱我不要再缠着外婆做红烧肉了。外婆真的老了，腿脚已经不再利索，但还是对我很好。每每见到我，总会嘘寒问暖，还会挽起袖子到厨房给我做红烧肉。

餐桌上，红烧肉依旧色泽亮丽。放入嘴中，咸味就像炸弹一样，爆破在我的口腔中。我知道，这是放了两次盐。看着外婆慈祥的目光，我一口气咽了下去，挤出一个灿烂的笑容，忙不迭对外婆说："真好吃，我会吃完的。"

夜深了，外婆带着他的红烧肉又来到了我的梦中，香味充盈在我的房间。在梦的另一头，外婆的身影忽隐忽现，我追着追着，找寻到了心中最柔软、最美好的记忆。

第五辑

教育"行"得

昌乐二中课堂构成及启发

昌乐二中的高考成绩一直很优秀,这让我们对其课堂感到非常好奇。带着疑问,我们走进了昌乐二中的语文课堂,一探究竟。

语文课上,学生人手一份《自学指南》。《自学指南》中有当堂的学习提纲。内容包括:学习目标,学法指导说明,使用说明,基础构建(原生态学习),复习课构建知识体系(知识体系由重点基础知识、能力点、文本内涵组成),挑战极限(阅读鉴赏,提升理解句子含义的能力;课内阅读,重点句子的理解),高考链接(高考典型题型,附一则阅读、两道类型题),超越梦想("珍爱生命"类文章的有关材料)。

《自学指南》是教师集体备课的智慧,学生人手一份,全年级都一样,也就是说学生的自学导纲是一样的。该指南的实用性极强,具有实际指导意义,且适用于大多数学生。

除了《自学指南》,《学习成长日记》也是每个学生人手一本,又称"高效学习计划本"。其形式如下:

学习成长日记

_____年_____月_____日 星期_____

高效学习计划:	备注:
今日反思:	
明日提醒:	
我要完成计划,高效学习,实现目标,证明我是一个说话算数的人,有责任心的人。	

《学习成长日记》能让学生有一个短期目标，学生可据此步步为营，一步一个脚印，从而实现长期目标。

在语文学习中，每个学生都备有"三本"：一个作文本，一个阅读本，一个典型题集本。

作文本是厚厚一"大部头"，三年一本，质量很好，学生可随意而写，老师只是做优良中差的评阅。

阅读本主要用于记录阅读计划、阅读摘要和读后感等。学生的阅读量非常大，素材积累非常丰富，阅读笔记也留有查阅痕迹。

典型题集本是学生知识积累的体现，格式类似于教案，也是厚厚一本。学生将基础知识、能力点等内容分开记录，以便日后复习。

语文课前留有自由发言时间。例如，话题为"如何对待错误与批评"，学生可做两三分钟的自由发言，需有观点、有论据。这样的自由发言有利于学生积累材料，培养其逻辑思维能力。

昌乐二中老师的教案很简单，只有框架，只有课堂教学的提纲式内容，没有与学生作业相关的内容。但老师会根据本班学生的实际情况设计课件，而学生手中有不同版本的参考书和练习题。

教室内有"家庭公约"（即班规），小组有组名、组规、组徽、口号、学分积累、优秀小组及人员。

教室外有不同风格的板报，有大量学生实践的图片，有一些学生优秀作文，还有"名作推荐"栏目，内容不一，风格各异。

昌乐二中的课堂给了我们很多启示。

第一，昌乐二中对教师教案和学生作业的要求，把教师和学生从繁重的"抄写"任务中解放出来，教师不必抄教案，学生也不必抄作业。

第二，教师合作互助，完成导学案、学习规划、重点程序设置等工作，学生合作解决问题、共同进步。这种过程设计让教师与学生学会合作，从而节约时间，提高效率。

第三，独特的课堂设计让师生学会创作。教师能够创造性地运用多种多样的课堂引导方式和内容，学生学会创造性思考，拥有独立思维与独到见解。

第四，深度学习让师生学会思考。教师注重引导，让学生积极思考如何更有效地学习。

第五，学校对师生的阅读要求非常高。学生海量的阅读让他们"腹有诗书气自华"，达到了"不求为什么而读书"的最高境界。在学生海量阅读的"督促"下，教师也不得不进行更为海量的阅读。这样的阅读习惯非常有利于师生知识的积累和视野的拓宽。

第六，学生的实践活动非常多，这有利于开阔学生的视野，增长学生的见识，将"读书"与"行路"结合起来，让学生的生活充满乐趣。

第七，学校对班级的管理更加注重过程管理，用学分制度来规范学生，使管理更加便利，其激励价值也更高。

当然，昌乐二中的教学模式也有几个地方值得商榷：

第一，昌乐二中提倡"精神饱满的课堂即高效课堂"，但是在实际听课过程中，有的学生整整一节课都在睡觉，既没有人叫醒他，又没有人示意。这样的四十五分钟对这些学生有什么效果呢？教师视而不见？学友充耳不闻？若是这样，教师的意义何在？小组的互助合作怎么体现？

第二，个别教师完全没有承担起教师应负的责任，整整一节课一言不发。语文课堂的开放不应等于教师无事可做，或者不问对错，任由学生随意发挥。

第三，语文课堂没有体现情感价值教育，也没有见到教师在这方面的引导。长此以往，我们的三维目标能实现吗？语文课堂岂不是变成了语文技能课？

第四，长期推行单一的学习方法和学习模式，会不会让学生产生倦怠心理？就语文学科而言，针对不同的知识内容，应采用不同的教法和学法，才能收到更好的效果。

第五，昌乐二中的教学模式真的能实现所有学生的共同进步吗？对于基础好、学习习惯好的学生，这样的学习方法也许可行；但是对于那些基础较差、学习积极性不高的学生，这种教学模式的实效性让人怀疑。

"退步"也是一种美

——宜川中学学习心得

> 手把青秧插满田,低头便见水中天。
> 心地清净方为道,退步原来是向前。
>
> ——[唐]布袋和尚

一般认为,人生向前走,才是进步、风光的。然而,这首诗告诉我们,有时候"退步"也是一种向前。

退着走,看见高楼、白云、人群离我们越来越远,有一种别样的美。虽然我们在退着走,但我们的脚步没有停下,我们依然在前行。而且,退着走时,偶尔转过身,我们便能看清来时的路,这能帮助我们在正着走时,走得更快、更稳、更远。

去宜川之前,我一直在想,作为课改名校,宜川中学的课堂应该是非常开放的,学生们能在课堂上自由讨论,热闹非凡。但到了宜川中学之后,我发现,他们正走在一条属于自己的课改之路上,有自己的特色。有模式,但不唯模式;有主流,而不随大流。如果非要说是模式,那就是"宜川模式"。

我在宜川中学听了两节语文课,是《高中语文·必修四》的古代诗文教学。学习古文,圈点批注、读读写写、反复吟咏无疑是最好的学习方法。传统教学法恰好是这一学习方法的充分体现,这种教法的效果也比较好。宜川中学的这两位语文老师也是这么教的。不过,在隔壁的物理课和生物课上,老师们都在使用新的教学方法,学生们也在积极地自我展示、相互点评。这时,我们不禁要问:为何"一日之内,一宫之间,而气候不齐"?难道有的科目在改,有的科目没有改吗?

中午,我们听了宜川中学校长的报告,这才知道,宜川中学一直在摸索并寻找适合自己的课改模式,而不是硬搬照抄。这样看来,我们很多学校在无意中已经犯了矫枉过正的错误。

传统课堂固然有传统课堂的弊端,但不见得百害而无一利;新型课堂固然有新型课堂的优点,但不见得适合所有课堂。给传统课堂打零分似乎并不妥当,所有课程都组织学生参与讨论,效果也不一定好。我们似乎总是习惯于从一个极端走向另一个极端。为何不学一学宜川中学,不盲目照搬,不搞"一刀切",而是探索适合自己的教学方式?

以语文课为例,并不是所有的课堂类型都适合讨论,针对不同的课堂内容,应灵活选用合适的教学方法。内容是古文,就应该让学生多朗读背诵,老师做重点讲解;内容是诗歌和散文,就应该引导学生进行分析鉴赏、研读品味;内容是说明文,就应该让学生勾勾画画、互相交流。何必将老师和学生都限制在一个固定的框架内,扼杀课程的多样性和师生的创造性呢?仅采用单一的、程式化的教学模式,无法收到好的教学效果。

有时候,倒着走是必要的。倒着走对健康有益,可刺激不常活动的肌肉,促进血液循环与机体平衡,对防治脑萎缩,特别是腰腿疼痛都有显著疗效。其实,对于课改而言,"倒着走"也大有裨益。在我们大步向前迈进的同时,不妨转过身,仔细回顾并反思我们的课改之路,这样就能看清我们的得失,让我们走得更健康、更长远。

乌兰察布学习总结

2017年6月11日至17日，我有幸应西北课改名校共同体的邀请，代表学校赴内蒙古乌兰察布市参加第三届中小学课堂教学改革好课堂大赛，并担任高中语文组评委。几天的学习与交流，让我受益颇多，现总结如下。

首先，各位老师对教育的热情和对课改的激情让我非常感动。一个教育工作者首先应该是一个热爱教育的人，这样才能因为热爱而追求完美，提升自我，自觉、主动地去付出；只有热爱，才能感受教育的快乐，享受追求目标过程中的艰辛。我们一生都处在努力使自己变得优秀、卓越乃至完美的过程之中。因为存在不足，所以学习，所以有所付出，也才会有所收获。

乌兰察布教育局教研室的领导对这次赛事的关注及对选手、评委的关心让人非常感动，主办方对食、住、行的考虑十分周全，选手们对赛事的重视程度也令人难忘。在评课时，我说：备课如绣花，构思、作图、选线、配色无不需考虑周全，恨不得将所有知识点都整理齐全，恨不得将所有方法都搜集完毕。但是上课如作画，绘就一幅水墨画，在宣纸上工笔写意，白描没骨，落笔难更，笔锋画势，如何走动，全在于老师。老师们"绣工"高超，"画技"各有特色，课堂上或气势磅礴如北国之雪，或温柔可亲如江南之雨，其节奏或缓如江流入海，或急如骤雨落地。老师们的亲和力极强，普通话极好，字很漂亮，对教材的分析十分透彻，备课非常充分，课堂上，让我如沐春风。

这次听课学习也引发了我对高效课堂的几点思考。怎样做才能更好地提高课堂效率？我认为可从以下几点入手：

第一，老师应该有全局意识。一些老师在备课的过程中往往只读课文，不读课本。一篇文章出现在哪本书里，编者是按照怎样的思路来编写该书的，这样安排有何目的，这些问题都应引起我们的重视和思考。不能只见树木不见森林，只关注一篇课文而不关注单元和全书的编排体系。例如，人教版高中语文的必修课本是按照怎样的思路编写的？各单元之间有什么衔接？各自的侧重知识点是什么？选修教材编写的目的是什么？各书的教学重点难点是什么？通过学习，我们希望收获什么？带着这些问题，从大处着眼，从小处着手，必定可以准确把握一篇课文的教学目标与重难点。让我们的教学有"的"放"矢"，让这个"的"精准而明确。

第二，老师要有合作意识，才能尽可能地呈现完美课堂。俗语有"三个臭皮匠顶个诸葛亮"的说法。我们暂且不管是三个"裨将"还是三个"臭皮匠"，只要知道它所表达的意思是"人多力量大，人多智慧多，三人智慧胜一人"就可以了。合作是必要的，导学案应该是集体智慧的体现；如果不用导学案，集体备课也是必不可少的。老师们可以共同分析课文，确定重难点，寻找突破口，讨论教学方法，互相借鉴学习，凝聚集体智慧，让课堂更加精彩。在集体备课过程中，老师要有虚心请教的态度。"三人行，必有我师焉"，虚心求教，集思广益，才能弥补缺漏，使课堂更加完美。

第三，课堂是师生共同的课堂，不只是学生的课堂，而是"咱们"的课堂、"你们"的课堂。老师不仅仅是课堂的领导者与组织者，也是课堂的参与者和互动者。老师的课堂引领作用必不可缺，但老师的课堂参与也很重要。老师就如同战场上的将军，指挥战役固然没错，但也要深入前线，和战士们一起冲锋陷阵。当课堂上没有生成问题时，老师"人为"地让课堂出现"问题"就十分必要了。如果学生没有问题，老师则完全可以扮演学生的角色，参与课堂的质疑与解疑。

第四，老师要有点拨、归纳、总结的意识。常言道：编筐编篓，重在收口。一节好课，师生的归纳总结必不可少。若不对一节课上分散零碎的知识点进行系统归纳总结，学生则往往会遇到概念模糊、记忆混乱、重点不突出等问题。通过小结，老师可帮助学生再次明确课堂重难点、厘清知识体系，使课堂知识便于学生识记、理解与把握，同时也可以预先设疑，为下一节课做好铺垫。

第五，老师要具备创新意识。"文章似山不喜平"，其实课堂也一样

"不喜平"。一堂平铺直叙的课，很难激发学生的兴趣，久而久之，还会使学生生厌，甚至引起他们的反感。每堂课都需要老师的精心设计，课堂设计要讲究创新，起承转合固然可以使课堂条理清晰，但质疑激趣、设置悬念也必不可少。文章就像布料，我们可以根据需要进行裁剪，不一定非得将其做成袍子或褂子。所以，课堂可以有模式，但不能唯模式，不能"为了模式而模式"，形式要为内容服务，课堂模式永远要为课堂教学服务。老师要有灵活调整课堂模式的意识，要根据课程内容和学生情况，因材施教，因课施教，不拘于形式，不拘于环节。

  第六，老师应当与时俱进，具有前瞻意识。要关注时事热点，与时代共脉搏，与学生共进步；而不应钻入故纸堆，做死学问，死做学问。知识在更新换代，思想在更新换代，学生在更新换代，而一成不变的课堂又如何能适应日新月异的时代呢？长此以往，有几个学生能对满脑子旧观念、旧知识的"老"师感兴趣呢？所以，老师一定要成为"新潮"的老师，关注社会前沿动态，关注时事新闻热点，关注流行发展趋势，站在时代前沿，引领学生向前；而不应做"两耳不闻窗外事，一心只读圣贤书"的闷葫芦，成为"躲进小楼成一统，管他冬夏与春秋"的老学究。

铿锵大荔行

——记大荔县城郊中学校长孙铁龙

其实"铿锵"二字并不适用于"大荔行",而适合用在孙铁龙校长身上。他让我想到《铿锵玫瑰》这首歌。也正是因为他"高频、高效、快节奏"的工作风格,我们这次大荔之行才能节奏紧凑、效率奇高。深夜一点半,我的大脑仍处于高速运转之中,于是提笔写下此见闻。

下火车后,这位"车夫校长"给我留下了深刻的印象——一个质朴、干脆、利落的关中汉子。为什么说孙校长是"车夫校长"呢?因为一开始,我以为他是司机,后来有人悄悄告诉我,那是孙校长。校长居然亲自开车?我们好大的面子啊!不知道是这个校长不一般,还是我们不一般?仔细一想,还是校长不一般。我们去过很多学校,校长开车的仅此一家。据说有人专门研究过声音与性格的关系,声音洪亮而有穿透力的人,一般自信、仗义,且执行力极强。我想这是有道理的。孙校长声音洪亮,犹如关汉卿所说的"铜豌豆";笑声爽朗,极富穿透力,给人的感觉就像聚义堂的"绿林好汉"。

"大荔行"的第一站是饭店。早晨八点准时集合出发,经过六个小时的车程,再转乘高铁,一路匆匆忙忙,到达大荔火车站时已是下午六点半。奔波了一整天,真的需要补充能量了。满桌地道的关中菜,让我第一次体会到什么叫关中特色,与关中校长的"厚重质实"有异曲同工之妙。馒头、饼子、锅盔,还有各色肉食,满满摆了一桌。这让我想到陕北人的桌上除了肉食,就是土豆泥、土豆丝、土豆条、土豆块……遇到这样一位心直口快的校长,大家吃得愉快。宾主言欢,毫无拘束之感,谁再客套,反而显得矫情。我一直佩服目标明确的人,因为他们知道自己想要什么,也知道自己想干什么,能干什么,能干好什么。孙校长说明了自己的要求,我之前的忐忑便不见了八九,因为知道对方的要求,心里有底,工作便好展开了。话虽如此,早晨八点到晚上八点近十二个小时的行程已让我感到非常疲惫,我对宾馆的渴望丝毫不亚于久行沙漠的人对水的渴望,我需要休息。没承想,我们的第二站是会议室。

"我看行李就先放到车上,我们先到会议室吧。"孙校长的话斩钉截铁,没有任何商量的余地。我早已习惯了这种"一把手"式的命令语气。这类人往往都具有极强的主见和极高的执行力,体现在语言上,就是这种貌似商量实则命令式的口吻,我既能接受,又能理解。夜色中,我第一次踏入大荔县城郊中学,教学楼依然灯火通明。我们学校的学生已经全都放假了,而这里还没有期末考试,学生都在上自习。孙校长说,要先召集所有的语文老师开一个见面座谈会,谈一谈这几天的培训内容。实际上,我们并没有见到很多老师,而是与以年级备课组长为代表的几位老师进行了交流。之前,我并不知道孙校长是哪个学科的老师,开座谈会时才知道,他是语文特级教师,可以说是专家中的专家,专家中的"战斗机"。谈及语文教学,他有先进理念,有独特见解;他业务熟练,目标明确,拥有一双"火眼金睛",对工作一丝不苟。我这一趟行程注定不轻松,因为这位校长不好糊弄,也糊弄不了,他是货真价实的专家。

当我们到达"大荔行"的第三站——宾馆的时候,已经是十一点四十了,洗漱之后是十二点半。我的生物钟已经被彻底打乱了,思维被迫处于高速运转之中。我在思考,这位校长究竟是怎样的人,在他领导下的这所学校究竟是一所怎样的学校?

这趟大荔之行注定是一次令人难忘的行程。已经凌晨两点半了,我依然未合眼。

……

不得不说,这是一趟苦差事。第二天早晨七点半,我就坐到校长专门为我准备的电脑前开始编写导学案,直到下午五点半才完成。在这期间,我只吃了点便饭,上了两趟厕所。由于前期沟通不到位,所以我并不知道他们具体想要什么,好多资料都没有提前准备。过来之后,孙校长急需的所有案例,我只好现做。制作需要时间,更重要的是,我要关注的不仅仅是数量,更重要的是质量。我是一个追求完美的人,同时也是一个雷厉风行的人，一个典型的急性子。在这一点上，我想我与孙校长是相同的。这次来到大荔，我感觉自己不是来为学校培养老师的，而是来应试的，出题人是孙校长，答题人是高冬梅。好在晚上六点下课前，我终于完成了孙校长的考核，交出了一份自认为比较满意的答卷。

下午在饭桌上，我更加深入地认识了这位"改革派"校长。他是陕西省骨干初中校长、陕西省"科研兴校"明星校长、西北课改名校共同体副理事长、陕西师范大学教育硕士研究生合作指导教师、陕西省第九批后备特级教师、渭南市教师继续教育面授辅导课程任课教师、渭南市中小学教师继续教育专家库成员、大荔县校本研修指导专家、全国第二届课改成果博览会专家评委……得知他的众多头衔之后，我只有一个疑问，为什么他要"改革"呢？据同行透露，孙校长还有几年就要退休了，按照一般人的想法，"穷则变，变则通"，在没有遇到"穷"这一状况时，自然是"当一天和尚撞一天钟"的做法最讨喜，也最省心省力。一位快要退休的校长，全力以赴地推行大面积的课改，这需要多大的勇气呀？是"明知山有虎，偏向虎山行"。明知改革有阻力，偏还要改。在他的执着、急性子、雷厉风行的背后，我看到的是一颗热爱教育、倾心教育的赤子之心。

如果没有这份热爱与执着，他就不会有那么多成就；如果没有这种责任感与使命感，他就不会这么热衷于课改。

老骥伏枥，志在千里；烈士暮年，壮心不已。

私下说一句，如果我是他的下属，我不一定会喜欢他，因为他的高标准、严要求一定会让我很辛苦；但是作为学生和家长，作为普通老百姓，我一定会很喜欢他。正是因为有这样雷厉风行、热心改革、勇于改革的实干家，我们的教育才能拥有"源头活水"，保持长久的活力。

明天早晨，我们就要启程前往广州，匆匆的大荔之行就要结束了。祝愿我们的孙校长能够工作顺利，改革顺风顺水；也希望我们的教育界能多出几个"孙校长"，坚持高标准、严要求，以提高我们教师的素质，提高我们教育的质量，让我们的教育更上一层楼。

2019 年 1 月 19 日晚于陕西省渭南市大荔县

岭南纪事

"为什么叫岭南?"坐在飞速前行的车上,王银伸老师问我。"呃,我也不知道啊,大概、也许、可能是有个什么岭吧,所以叫岭南。""不会是因为秦岭以南吧?"不知谁说了一句。肯定不是啊,那个范围太广了。带着这个疑问,我进入岭南的核心区域——广州市黄埔区,我的岭南之行也随之开启。

现代人应该是幸福的,因为我们有手机,手机有百度。百度给出的解释是:岭南,是指中国南方五岭之南的地区,以五岭为界与内陆相隔。五岭是指越城岭、都庞岭、萌渚岭、骑田岭、大庾岭。岭南是一个历史概念,历朝历代的行政建制不同,建制的划分和称谓也有很大变化。现在"岭南"一词特指广东、广西、海南、香港、澳门三省二区,亦指华南区域。

这下好了。我不仅知道了什么是岭南,还知道了"五岭"是什么。其实,最早听到"岭南"一词,是读到苏轼的诗句"罗浮山下四时春,卢橘杨梅次第新。日啖荔枝三百颗,不辞长作岭南人"的时候。那时只觉得岭南是一个盛产荔枝的地方,发展较为滞后,因为大家都不愿意去,苏轼也是因为被贬才到了那里。苏轼被贬之前的岭南,我称之为"蛮荒之地",林语堂老先生的《苏东坡传》也多次提到"岭南",特别是在第二十五章"岭南流放"中,对岭南的环境、条件多有描述。所以,我对岭南的第一印象是:苏轼过去之后,岭南才有了文明。不论是经济发展还是医疗卫生条件,古代的岭南至少是一个起点低、启蒙晚、发展慢的地区。

我对岭南的第二印象是湿热。去年高考,好友的儿子参加华南理工大学的自主招生考试。她一个人带儿子去了广州,回来后告诉我,这辈子不去广州都不后悔。六月的广州,挥汗如雨,一个人站在广州的街头,汗水滴在裙子上,又从裙子上一滴一滴落在地上。她诅咒这样的鬼天气,同时问自己为什么要让孩子到这里来受罪。相较于寒冷,北方人是怕热的,冷一点没有关系，皮衣棉袄往上裹，咱有的是那些东西。可是热呢？实在受不了，除了脱衣服，站在空调下面，真不知道还有什么办法可以消暑。在广州的一个星期，她一直生活在"水深火热"之中：身上的汗水从未干过，谓之"水深"；外面的滚滚热浪，谓之"火热"。在她的描述之下，我对广州似乎已经失去了兴趣，虽然嘴里嚷嚷着让儿子去"北上广"读书，但其实在心里早已把"北上广"设定成了"北上哈"。好在这一次，我是一月去广州，不会有那么毒的太阳，也不会有那么热的天气。

百闻不如一见。我这个地道的北方人到了"传说中"的岭南，有了不一样的见闻感受。

首先，广州的天气没有我想象中的热。临行前，我查了广州的天气预报，气温是十九度。作为一个习惯了冬天零下二十几度的北方人，实在想不到冬天零上十几度是个什么概念，应该穿什么衣服。有经验的老师告诉我，和咱们北方夏天的温度差不多，那就应该穿裙子。可手机的穿衣指数告诉我，应该穿风衣，我该相信谁呢？好吧，出门在外，多带一点衣服，风衣裙子都带上。我从北方出发，大衣是一定要穿的。于是，我将四季服装都塞进皮箱，才踏实地踏上了南去的"征途"。到了广州，才发现，裙子是不需要的，风衣也只是配角，大衣才是主角。看来，冬天的广州，多少还是有点"冷"的特质。

其次，广州人没有我想象中的"冷"。广州人民比我想象的更热情。人与人的交往需要坦诚，我一直把"喝酒须有三分侠气，交友应当十分真诚"牢记心中，以此为信条"浪迹于江湖"，行万里路，交天下友。不知道是我的命好，还是妈妈的话不灵验，现在我已过不惑之年，既没有被朋友坑，更没有被朋友卖，一路前行，一路交友。要了解一个地方，需要在此处租一间小屋，安静地住上半载；而我这种来也匆匆去也匆匆的过客，说了解似乎不妥，只能说是广州人给我留下的印象了。

到广州第一天，我准备入住酒店。不知道什么原因，尽管我在前台已经试刷了两次卡，但进入电梯时刷卡依旧无效。电梯里有个小伙子在打电话，一口闽南语，我什么都没听懂。他挂了电话之后，看到一脸"囧相"的我，问我需要帮助吗，我告诉他房卡有问题，到不了要去的楼层。他正

好住在我的下层，便与我一同去前台叫了服务生，解决了问题。后来我向他道谢，他用带闽南口音的普通话说："不要啦！"广州的冬天瞬间变得温暖起来。

工作了整整一天，直到夜幕降临，我才回到酒店。酒店门前是十字路口，两边有许多卖水果小吃的。有些水果我并不认识。一位老阿婆的摊位上摆了一些比青苹果小、比枣子大的绿色水果，我问她这是什么，她说是"树枣"（不知道这样写对不对），一斤六块钱。我说给我称十块的，因为我不知道一斤有多少。谁知她把摊位上的这种水果全给我装了起来，和我要二十元。我实在要不了那么多，但她一个劲儿地往我手里塞，我也无奈，只得给了她二十元。我正准备转身离开，一个同样卖水果的中年妇女把我拦住了。不知道她和刚才那位阿婆说了些什么，最后我目瞪口呆、惊愕万分地看着这位中年妇女麻利地拿过我装水果的袋子，在外面又套了一层，递到我手中。我还未回过神来，只得微微一笑，原来她们刚才说的是袋子的问题。广州的街头小吃很多，但几个小贩并不鼓励我多买。看到我的馋样，她们中的几个人居然达成了一致："晚上了，少买一点，免得吃多了不舒服，吃不了又浪费。"我以为只有我大陕北的老乡是质朴的，原来广州人民也这么可爱。

第二天晚上，学校安排了珠江夜游。此时的珠江在灯光的映照下，美得如异域的公主。江风阵阵，着实有些凉意，即使裹紧大衣，冷风还是往里蹿。带路的小姑娘怕误了时间，让我们早一点出发。谁知去得太早，离登船还有一个小时。同行者在岸边聊天，或与旁边的广州"小蛮腰"（广州塔的别称）合影。我一个人觉得无趣，沿着江边走，无意中到了江上的一座大桥。桥上灯火辉煌，珠江两岸的灯光蔚为壮观，别有一番风味。偏东的一轮明月刚好在"小蛮腰"的左边露出了脸，天上疏疏落落的云使它时而明亮，时而朦胧，如娇羞的新娘，美丽极了。骑电动车的小哥停在我旁边，问我在干什么，我说看月亮，他突然就乐了，笑我傻，说别人都站在桥的中间看，你为什么站在桥边上。我说，我要登船，怕误了时间。他听出了我的口音，然后我们就聊起了兵马俑、大雁塔、华山……世界好小啊，感觉就像是在岭南遇故交，一同谈起两千年前的往事。

工作中聊到籍贯，才知道，我们来的这所学校，本土老师非常少，大多数都是外地人，过年都会回老家，那时候广州会变成一座"空城"。搞接待的小姑娘笑着说，去年过年的时候，地铁成了她的专列。听闻广州的饭不合北方人口味，但我在用餐时没有这种感觉。负责餐饮的老师告诉我们，领导早已做过安排，让他按照北方人的喜好选菜，难怪这些菜这么合胃口，原来如此。语文组的老师告诉我，在座的有安徽的、湖南的、湖北的、江西的……我们组还有一位陕西宜川的老师，年龄看着大一些，特别喜欢给孩子们教国学经典，经常督促他们练习毛笔字，穿着个性，喜好传统服饰。这位老师我认得，皓颜白首，上穿中式双排布扣白色上衣，下着深色阔腿裳，打腿带，脚踏圆口布鞋，挎青色褡裢，手里拿书。他听课时迟到了几分钟，就坐在讲习台的左侧第二排，仙风道骨。当时，我被吓了一跳，以为是哪个大学的教授前来检查工作，结果虚惊一场，原来是老乡。这种穿着的老师，在很多情况下，我怀疑是进不了校园的，他实在是太个性了。但是在这里，一切皆有可能，看来广州真的是一个包容的城市。

我们订的是早晨八点五十的机票。为了赶飞机，我们可能没有时间吃早点。有位老师帮我们买好早点，装在袋子里，这种周到、细腻的心思，令同行者感动不已。我一边夸那位老师是"一枚赤裸裸的暖男"，一边在心里暗想：广州，真是一个有温度的城市。

"纸上得来终觉浅，绝知此事要躬行"。此次岭南之行，彻底改变了我对岭南的认识。短短几日虽不能让我对这里有多么深入的了解，但这里的人给我留下了深刻的印象，是他们让这个既陌生又熟悉的地理名词从此在我心中有了温度，也让我对它有了牵挂，有了念想。我曾开玩笑似的对朋友说：从此之后，我也是广州"有人"的人了，给儿子报志愿的城市，我还是改为"北上广"，不，改为"广上北"吧。

2019 年 2 月 9 日晨于家中

走心教育，独领风骚

——北京学习心得体会

"好看的皮囊千篇一律，有趣的灵魂万里挑一"。人是如此，校又何尝不是？不仅仅是灵魂，单就"皮囊"而言，北京市海淀区教师进修学校附属实验学校（简称"海淀进修实验学校"）也是万里挑一、独领风骚的。在这里，我想用四个"一"来概括海淀进修实验学校之"独"：一座古朴儒雅的中国式学院，一群投身教育、热爱教育事业的老师，一个一切为了学生发展的办学理念，一种开放兼容的学风。这四个"一"使海淀进修实验学校展现出独特的魅力。

"从学校创建到今天，每一位教育工作者满怀着忠诚于教育事业的使命感，把当好一名老师、办好一所学校、做好一任校长融入自己的生命中。"在海淀进修实验学校，我们见到的的确是这样忠诚于教育事业的"走心"教育工作者。"我们要让石头说话。""这里的每一个摆件都是我们亲自挑选的，都不贵，但都很独特。""要用最少的钱，买最好的东西。"当毛强书记介绍学校建设之用心时，我就在想：这是一群怎样的设计者与建设者啊！如果教育工作者都能如此用心，何愁教育不兴？正是建设者"走心"的设计与实践，才使海淀进修实验学校于芸芸众校之中独具魅力、独领风骚。

学校建设者秉承创立一所古典、儒雅的中国式学院的理念，校园里的亭台楼阁、流觞曲水、绿树红鲤、百草奇石或呈现魏晋儒雅、或呈现汉唐雄风、或呈现明代简庄、或呈现清代雍容的风貌。每一亭每一廊都饱含着设计者的良苦用心；每一草每一木都浸透着建设者的辛勤汗水。让文化在传承中积淀，让学习处处发生。

学校具有一种开放兼容的学风，践行一切为学生发展的办学理念。"我们是个对内、对外开放的学校。"毛强书记在介绍时说。学校派老师赴英、德、芬、美等国家学习，与十多个国家建立友好合作关系，同时邀请国际专家对学校进行专业化指导，提出建设性意见，与大学科研机构合作开展项目研究，邀请高等学府名师前来做学术讲座。坚持对外开放，举办"昆玉讲堂"与"昆玉论坛"，促进学术交流。请进来，走出去，与四面八方的同行相互借鉴，互通有无，共同进步。用校长董红军的话来概括："将欲夺之，必先予之，市场经济，谁占有市场大，谁就牛，包括思想的市场。"正是因为这种开放包容的态度，这里才有更多的学术交流、更多的思想碰撞。校领导高瞻远瞩，高站位、宽视野的态度使海淀进修实验学校迅速占领了教育思想市场，独领风骚。

学校践行"一切为学生发展"的办学理念，为学生提供学习服务和保障。"为人而来"的教育理念告诉我们，学校的育人目标是"培养附着在学生身上'带得走'的适应未来社会发展的能力和素养"。为此，海淀进修实验学校开展了颇具特色的德育教育和学生游学活动。德育处处进行，如让建筑会说话，让垃圾桶具有教育意义等，满足学生的个性化需求；模糊学习边界，围绕学生，改变环境；将"学习随处发生"的意图贯穿于环境营造中，以重构学习；游学活动，让学生读万卷书，行万里路，让灵魂与肉体同时行走在路上。海淀进修实验学校的教育"为人而来"，用理念指引人，用氛围约束人，用环境熏陶人，用实践锻炼人。

每一次外出学习，都能带给我深深的震撼，也能促使我不断反思自己。同样地，这次学习也让我有颇多收获。

首先，这次学习改变了我对教师这一职业的认识。来这里之前，我总觉得自己是一名合格的教师，工作兢兢业业，为学生传道授业解惑，来这里之后才发现，这样做还远远不够。我们要做教育的思考者、新理念的实践者，而不是知识的二传手；我们要做课堂的设计者、知识的引领者，而不只是教材的传授者，更不能成为知识的终结者。默默无闻、埋头苦干固然值得肯定，但只是一味"手疼""眼疼"并不可取。要想让我们的"教"真正实现育人目标，就必须思考教育的本源，要带着思想，让"脑仁"也疼起来。为学生的未来负责，为学生的终生负责，做学生人生的引领者，参与学生的人生规划。这项事业任重而道远，不仅需要我们俯下身子与学生同角度，放下态度与学生同起点，更需要我们高瞻远瞩，引导学生实现由"解题"到"解决问题"的转变，实现由掌握知识到提高能力的转变，指引学生"学"而"成人"。

其次，这次学习改变了我对教学的认识。教与学双方都一定是针对人的，全员参与的德育教育再次唤起我们对"人"的关注。让教学不只发生在教室里，更贯穿于生活中，让教学无处不在。海淀进修实验学校的室内升旗仪式深深地震撼了我。室内升旗仪式的神奇之处在于国歌响起的那一瞬，楼道里、办公室里、操场上的老师庄严肃穆的神情，这些无一不告诉学生，爱国是一种发自内心的信仰。老师的以身作则可使德育在无声无息中进行。于师而言，这何尝不是教？于生而言，这又何尝不是学呢？反思对教学的狭隘认知，让自己从教室、从课堂之中走出来，关注自己的知识储备，更关注自身的修养，于无声中影响、教育学生。在这三十多堂课上，各位老师独具风采、各领风骚。课堂生成问题层出不穷，老师以四两拨千斤之势、循循善诱之法，让学生拨开云雾见真知。老师的答疑解惑可以照顾到每个学生，真是每节课都精彩，每个教室都有专家。海淀进修实验学校的老师真正实现了陶行知老先生提出的教育的三个目标：研究学问，要有科学的精神；改变环境，要有审美的意境；处事应变，要有高尚的道德修养。

最后，这次学习改变了我对教材的认识。过去，我总觉得教材后附的推荐阅读只是推荐，可以读，也可以不读。这次学习让我意识到，这些作品老师不仅要推荐给学生读，而且要指导学生读。要让学生认真读，老师自己先要认真读，再领着学生读，最后实现学生的个性化解读。我们要从编者的角度解读教材，从教师的角度利用教材，从学习者的角度分析教材，从考试者的角度审视教材，层层深入，环环相扣，全方位把握教材、吃透教材。紧扣教材，牢抓素养，只要心中有教材，语文课堂就可如张三丰打太极，只重其意，不重其招了。这样，老师才能真正成为课堂的设计者，独领风骚。

下面我从印象、教研、教学三个方面具体谈一谈在海淀进修实验学校学习的心得体会。

印象篇——数风流人物

"印象"一词用来形容客观事物在人的头脑中留下的迹象。既然能在头脑中留下迹象,可知所见之与众不同,所感之独特深刻。海淀进修实验学校之所以与其他众学校不同,除了大家熟知的建筑风格、办学特色之外,"青春献教育、汗水洒热土"的教育工作者也给我留下了深刻的印象。

这里有温润如玉的秦主任。

"貌丰盈以庄姝兮,苞温润之玉颜。"第一次见到她,大脑里蹦出来的就是这个词——温润如玉。我很少刻意识记人的相貌,所以走在路上很少与人打招呼,害怕因认错而尴尬。但这不适用于秦主任,她的相貌无须专门识记,就已深深刻入脑海之中。或许有人觉得这话有拍马屁之嫌,但我不觉得。拍马屁者自有"拍"之目的,所"拍"对象多有"用处"。而我这个"千里之外"的人,"拍"之何用?完全是以我手写我心而已。

秦主任之独特,首先表现在其待人之态上。她自带一种亲和感,让人如沐春风。口齿清楚,语调亲切,与人言语,分寸把握恰如其分。虽有"主任"之头衔,却无"主任"之架子。听她说话的感觉,就如同《明湖居听书》里听王小玉说书一般舒服,"五脏六腑里,像熨斗熨过,无一处不伏贴"。所以我认为,如果能给她当学生,即便被她批评,也是幸福的。

其次,秦主任之独特表现在其工作干练上。在接待我所在的学习团的同时,她还接待了另外三个学习交流团队。她有条不紊地安排我们的活动,同时安排其他团队进行学习参观,并参与我们的活动,还不忘协调各部门的工作,想我们所未想,"备"我们所想"备",供我们所需,事无巨细,面面俱到,办事能力之强令我们十分钦佩。

我想,这所学校因为有了秦主任这样的人才,才更独特;也只有这样独特的学校,才能留住这样的人才。我不禁对这所学校又增添了几分好奇。

这里有文质彬彬的毛书记。

第一天,秦主任把我们的学习交流活动安排好后,毛强书记给我们介绍了学校的基本情况。我去过很多学校,听过很多学校的简介,也见过很多领导,可没有一个领导介绍学校像介绍自己家一样,像介绍自家孩子一样，言语神情里满是自豪与热爱。"这里的摆件都是我和校长亲自挑选的。""我们要挑长着草的石头。"他们在每一处细节上都投入精力，用心思考如何搞教育。从他的语言中，我能感受到团队的精诚团结与合作奉献，我想，这种感情是装不出来的。"我们的东西都不贵，都是仿的，都是假的。"听到这儿，我们都笑了起来。这所"高大上"的学校让毛书记一介绍，变得更"高大上"了。一所学校，不会因为建筑材料的昂贵而令人向往，其真正的价值在于这样一群朴实无华、不计名利的设计者、建设者和奉献者。毛书记的介绍，也让我对这所学校的校长充满了好奇。这位亲自挑选石头、摆件的校长会是一个什么样的人？他是如何做到让同事甘心付出并视自己为知己的呢？

这里有温文尔雅的董校长。

其实，这位校长我是见过的——在网上。第一天，在毛书记介绍完学校之后，他口中的"校长"就引起我极大的兴趣。一所学校的灵魂是校长，校长的高站位决定了学校的大格局。感谢百度，因为它能让我很容易就了解名人履历。在列举的一大堆荣誉之后，真真切切地写着70年代中期出生，令我瞠目。再看看自己的身份证——我也是一枚货真价实的"70后"，惭愧呀！"见面闲聊不敢言，只因董校在面前"。先掩一掩我的自卑，继续谈一谈董校长。董校长的语速很慢，语言有章法，也有深度，他善于总结，知道如何启发别人，言语、神态中透露着一种儒雅的气质，自信而豁达。

他给我最深的印象有两点。第一点是他和毛书记的默契配合。我们的座谈会本来只安排了一个小时，之后董校长需要参加一场重要会议。但由于我们的"多嘴"，董校长的工作计划似乎被打乱了。到会议开始前十几分钟，他与毛书记交换了一个眼神，毛书记便心领神会，悄悄退出会场。后来，他向我们解释道，虽然有重要会议，但他还是决定留下来。领导班子如此默契，教师团队又如此团结向上，这定是一个无往而不胜的团队。在他们的带领下，海淀进修实验学校想不出名都难。第二点，董校长的"亲民"、平易近人也给我留下了深刻印象。他戏称秦主任为"我们的秦熙凤"，靖边中学与海淀进修实验学校是"情投意合"，"咱们是亲戚，亲戚就要多走动"。特别是在拍照的时候，董校长亲自挑选位置和角度帮大家拍照,一路相伴,谈笑风生。

这里有"谦谦君子"式的名师团队。

我是一个无名小卒、普通教师,因为知识的浅薄和见识的孤陋,所以才来到这里学习。海淀进修实验学校是个卧虎藏龙的地方,无论哪位老师,名头都大得可以压死一群像我这样的"小辈"。有幸听了几节名师的课,不由得感慨万千:大家毕竟是大家,各有各的特色,各有各的风范,我无法望其项背,只有望尘莫及的份儿。没想到下课之后,于景魁老师和程勇宇老师到办公室让我评课。我何德何能为他们这样的名师评课?真是惊煞我也!突然觉得谦谦君子应该就是在说他们吧,他们虽学富五车,但谦逊有礼,虚怀若谷,更显名师大家风范。

正是因为有这样一群有责任感、有担当、有思想、敢于创新、勇于实践的人,海淀进修实验学校才会如此与众不同、出类拔萃。在此向他们致敬,向他们学习。

教研篇——独教则无质,浅薄而不周

通过五天的学习,我看到海淀进修实验学校的教研团队能够紧密围绕教学,充分发挥集体智慧,并最终取得工作实效。他们的工作方式给我以很大的启发。

首先,这里的课堂所呈现的是集体智慧,而不是一个人的"单打独斗"。这个集体是备课组长带领下的"集团军"。一节课所呈现的内容体现了教学团队的集体意识。互联网时代,信息海量爆发,如何甄选判别、去伪存真、有效组合,让这海量的信息为我所用、为我们的课堂教学服务。这一点尤为重要,需要依靠团队的力量。因此,教研团队的"研"就显得非常重要。海淀进修实验学校的一般做法是:在骨干名师的带领下,教研团队拟订方案,经集体讨论后,初步形成教学方案,再由团队成员进行磨课,反复改进,使之趋于完善。整个过程都由名师引领,由老带新,智慧在这里交汇,思维在这里碰撞,年轻教师在这样的引领下迅速成长。

学习不可独学,"独学而无友,则孤陋而寡闻";教书不可独教,独教则无质，浅薄而不周。于国而言，要合作共赢；于校而言，要分享共进；于人而言，要虚心求教；于己而言，要不耻下问。要多方面借鉴，不可闭门造车、闭目塞听，更不可孤军奋战。好课是在反复讨论、观摩、改进之中逐渐趋于完善的。

其次，这里的老师具有宏观意识，能够以长远的眼光、大胆的心态对待教材。他们能将课堂教学目标置于单元之中、全书的编写目的之中，甚至整个高中的学习之中。这样确定的教学目标更合理、更精准。这也深刻启示了我：备课应有全局意识、宏观意识、系统意识，不可割裂知识之间的联系，只见树木不见森林；读书不可将书贴于面，教学也不可将"教"贴于眼。我们的日常教学应放眼整个高中阶段。

最后，打造精品的意识应贯穿于教育设计与教育实施的整个过程当中。教语文不难，教好语文不易。任何一件事，做了，做好了，好好做了，做得很好了，做到最好了，都是不同的。一个人优秀不易，每个人都优秀更难，而由优秀到卓越，又是一段遥远的路程。课堂也一样。海淀进修实验学校的教育者们不仅仅具备集体意识、宏观意识，更难得的是，他们身上还有一种追求卓越的精品意识。正是这种精品意识，让他们从优秀到卓越。

追求卓越，永远在路上，人生就是一次让自己变得完美的旅程，寻找最完美的自己，永不止步。

教学篇——让思维撞出火花

如果用一个字来总结刘成章老师的课，我想"撞"字最合适不过了。

首先，刘成章老师的课题选择是"撞"出来的。如果"撞"的双方实力悬殊，那就不是"撞"了，而是"碾压"，"碾压"是不会有"火花"的。孔子和鲁迅本来就代表着两座不同的高山，这两座山之间足足隔了两千年，将二者放在一起比较是需要勇气的。对于平时以知识传授为主要目的的课堂设计来说，这样的设置显然是大胆而又离奇的。这种大胆、离奇的课题设置为课堂"火花"的出现提供了可能。这种超时空对话绝对有足够的空间让学生进行思维碰撞。

其次,讨论话题是"撞"出来的。"求同存异"——相同话题的不同解读,"异中求同"——不同话题的同角度解读,使得课堂解读与讨论异彩纷呈。整节课围绕孔子的"几谏""以长者为本位"和鲁迅的"绝对的权力与威严""以幼者为本位"的辩论展开。这既锻炼了学生的思维能力,又能引导学生去读名著、读原作。例如,学生的辩论词中有这样一段话:"(鲁迅说)您的许多理论都是为了维护周天子的统治而提出的,在维护国家利益与社会秩序方面,我们能够奇妙地取得一致。但坦率地说,以人为本,加强教育,唤醒国人,才是乱世中强国的有效方法。您提出的这种思想,禁锢了中华几千年。长者为本?幼者才是民族国家未来的决定者。拜您理论所赐,现在的中国人依旧只注重长者。"通过这段辩论词可知,学生的确用心读鲁迅了。

再次,课堂内容的呈现方式是"撞"出来的。若想让两位"大腕"进行超时空对话,就要想办法为这场对话搭建合适的平台。面对面交流似乎太近,隔空喊话又似乎太远。于是,学生选择了"微信聊天"的方式,让这两位大人物聊一聊。在聊的过程中,借用他们的口表达观点,表明态度。这样既避免了隔靴搔痒,又可以针锋相对、不受限制地提出并自由表达观点,使辩论激烈地进行下去。辩论的有效性在很大程度上得益于这种新颖的形式。刘成章老师精准的点评也同样引人深思。

最后,这样的课堂能碰撞出无数的思维火花,甚至一节课就能出现两个因思维集中碰撞而产生的"高峰"。

语文课需要教师以广博的知识和敏锐的思维引导学生,启发学生,用语言文字让学生更聪明。这样的课堂就是让学生的思维不断碰撞,在学生被撞得"七荤八素"之后,他们会更聪明,视野更开阔,思维更敏捷。

第六辑 文学乱谈

穿透美丽的悲哀

她们是美丽的,她们又是悲伤的,而她们的悲伤源于生命的孤独与漂泊。那种永恒的悲伤能够穿透人的心扉,让人感到生命的无奈与寂寥。

她们是富裕的,她们富有才华,拥有财富。

她们是贫穷的,她们心无所属,根无所依。

她们就是孤独的张爱玲与流浪的三毛。

初次接触张爱玲是由于七巧,银幕上那个可怜而又可憎的老太太形象让人难以忘却。而张爱玲给人的印象却极为稀薄,当时只觉得她这个人的作品有些灰暗,甚至有些颓废。再次遇到她,已是今年夏天,我无意中拿到了《经典张爱玲》,深蓝的封面,透着微微亮光。翻开封面,一个俏丽的女子映入眼帘,脸蛋并不是非常漂亮,却不知为何透出一股说不出的气质,不知是迷人,还是冷漠。随后,我就为其文笔所吸引。20世纪30年代的上海,在她的笔下显得遥远而又真实。深深的弄堂,上空浮散的是繁华的味道。书中许多故事的背景是香港,却无不透着上海的气息,正如张爱玲自己所说:"我为上海人写了一本香港传奇,包括《沉香屑》《一炉香》《二炉香》《茉莉香片》《心经》《琉璃瓦》《封锁》《倾城之恋》七篇。写它的时候,无时无刻不想到上海人,因为我是试着用上海人的观点来看香港的。"(《到底是上海人》)

不平凡的童年,使张爱玲的作品总有着童年的烙印,透露着遗世的情感。这种思想,让她虽生活在现实中,却永远无法融入世界。在现实生活中,她交朋友、喝酒、跳舞、穿漂亮时装,甚至自己设计衣服,引领上海的潮流。

然而，由于精神世界的孤傲，她始终像一个智者，冷眼看世界。世人皆醉而她独醒，一如她笔下那些尘封的人物，孤独而痛苦。每每在有月亮的晚上，我总会想起她所描绘的月亮，"黄黄的，像玉色缎子上，刺绣时弹落了一点香灰，烧糊了一小片"。（《沉香屑：第一炉香》）在那个年代某个月光昏暗的晚上，一位风华绝代的女子，夜深之时，仍独倚窗前。这时灯已阑珊，人已入眠，唯有她披着披肩，凝望夜空，忧伤的思绪划过她温柔的指尖，融入夜色。

她的文章是凄美的。文中有既是受害者又是元凶的七巧，也有既不想嫁人却又不得不嫁的白流苏；有想调情却又调情不得的宗桢，也有想爱却不会爱的传庆……她笔下的每个人物，人生都是不完美的，正如她所说的，"生命是一袭华美的袍，爬满了蚤子"。她作品中的主人公，也有着如她那般凄美的人生。

张爱玲的一生有太多的变故。早年父母离异，生母离她而去，她不得不去面对继母与父亲的冷漠，没有人在乎她的内心感受。24岁时，她与38岁的胡兰成相爱。然而，这一段传奇的爱情故事终以胡兰成的滥情而草草结束。自此，张爱玲的人生就被蒙上了一层厚厚的阴影，阴影中透着无限的凄凉。拿一位网友的话来说："张爱玲文福太厚，人福太浅，究其一生，凄苦孤独的时候占了太多时间。"她独特而又无奈的辞世方式，让世人难以揣测她的心迹。75岁高龄的她在弥留之际，又有何体悟呢？

又快到每年的9月8日，马上就是中秋佳节了，我却又一次想起张爱玲，想起在1995年的中秋节，有位老人在美国洛杉矶孤独地离去，给世人留下无限的哀思。谨以此献给那个并未走远的故人，以寄哀思。

如果说张爱玲是冷眼看世界的智者，那么三毛就是行走于尘世的哲人。她轰轰烈烈地穿梭于红尘之中，大胆地爱，纵情地哭泣，精致地生活。她不拒绝朋友，不害怕改变，她每部作品里的自己都是真实的、生动的、流浪的三毛，她也在浪迹天涯中慢慢长大。

"不要问我从哪里来，我的故乡在远方。"一首《橄榄树》不知将多少游子的心揉成了碎片。对生命故乡的追寻是三毛的执着。为了回答这个问题，她不惜跑遍大半个地球，足迹踏遍亚洲、欧洲、非洲、美洲。她从中国台湾出发，行至芝加哥、马德里、撒哈拉，甚至德国、波兰、南斯拉夫、捷克、丹麦……故乡究竟在哪里？这一路走来，我们看到了一个自闭、抑郁、稚嫩的"三毛"逐渐成长为一个健康、洒脱不羁、成熟的三毛。在异乡漂泊十四年后，她又回到了起点。这次回来，她再也没有去流浪。而她的心，仍然没有找到故乡。

"人生是一场大梦，多年来，无论我在马德里，在柏林，在芝加哥，或在台北，醒来时，总有三五秒钟要想，我是谁，我在哪里。"（《赴欧洲旅途见闻》）在《雨季不再来》里，她写下这样的话："我羡慕你说你已生根在那块陌生的土地上，我是永远不会有根的。"漂泊的她最后发现，寻遍世界，生命的故乡依然芳踪难觅，对于世界，她只是一个流浪的过客。正如她自己所说："飞鸿雪泥，不过留下的是一些爪印，而我，是不常在雪泥里休息的，我所飞过的天空并没有留下的痕迹。"（《云在青山月在天》）

"燃烧一个人灵魂的，正是对生命的爱，那是至死方休。"她带着对朋友、家人、爱人无限的爱，执着地追寻着她的梦。"我用一生实现自己的梦，生命逝去的刹那永远地沉睡其中。"（《梦里花落知多少》）她像是被上帝过于眷顾的孩子，太过任性，又太过率真。当她不知该如何解开对生命的疑问之时，她就把问题带给了上天——生命是何等艰难，而死又是何等容易。一条丝袜，就带走了她的幽幽魂魄。真的不知道，她究竟有没有找到她的荷西，有没有找到她的故乡。

余光中老先生说，思乡之情最初是同乡会，后来发展为某个省、某个地域，再后来，成了整个民族，整个华夏文化。不知道流浪的三毛是否有同感，她一直寻找的或许就是中华五千年文化。姑且就让我引用她的话来安慰我们的灵魂："假如我选择自己结束生命这条路，你们也要想得明白，因为这对于我，将是一种幸福。"真的希望，她在天堂是幸福的。

生命原本是脆弱的。有一些东西脆得就像蛋卷，经不起一丝磕碰，轻轻一掸，就会四散。张爱玲是脆弱的，她喜欢在深夜里舔舐生命的哀伤，她需要冷眼看世界，感受生命的凄美；三毛是脆弱的，她苦苦寻觅，而生命的故乡就像传说中的香格里拉，无影无形，又万缕千丝地纠缠着她，让她既无法找寻，又无法摆脱。终于，她们留给世界的就是那只发黄扉页中的蝴蝶，绚丽的色彩印证着生命的繁华，生动的躯体证明着生命曾有的鲜活与美丽，同时也告诉大家，她们已经成了生活中一段凄美的往事。

在青春的时光里,我们深深爱过

——读《从你的全世界路过》有感

我们走在单行道上,所以,大概都会错过吧。

——张嘉佳

有些人,明明相爱,却说我恨你;有些事,深深刻在记忆深处,却说我早已忘记。

这便是生活。

生活中,有多少时候,我们是词不达意的;有多少时候,我们是强颜装欢的;有多少时候,我们是违背心意的;又有多少时候,我们是被逼无奈的。但更多的人,只是孤独地走着,默默地承受着,苦苦地煎熬着,因为太多的苦,说不出口,太多的泪,流不出眼,太多的情,积压在胸口,于是生活便变得沉重异常。不是因为生活而沉重,而是因为灵魂没有了倾诉的对象,感情没有了释放的空间,我们一时无语了,沉默了,就像是面对一个不爱你的人,不论你怎么说,不论你说什么,都是错的。

而张嘉佳的《从你的全世界路过》似乎给了生活一丝安慰。他告诉我们:这样执着追逐的,不只有你;这样默默前行的,不只有你;这样苦苦煎熬的,不只有你。生活顿时有了一丝阳光,因为我们并不孤单。我们都曾经有过这样的青春岁月,我们都曾在这样的岁月里深深爱过。

说起青春,我们就永远避不开爱情。是爱情路过了我们,还是我们路过了爱情?这个问题似乎已经不再重要,我只知道,在青涩的青春岁月里,我们曾经深深地爱过。

深深爱着的茅十八,最后连与荔枝道一声保重的机会都没有,当回忆泪流满面的时候,青春岁月已悄然离去;默默支撑爱情的慧子,虽然以一个男人为坐标,用爱写满了坐标系,却永远没能叫醒那个不爱她的人。

朗读情书的我们,为爱狂欢的我们,终于明白:眼泪如果是真诚的,

流出来比血都珍贵；热血如果是虚伪的，流干了又何妨？

或许是因为爱情存在的方式太多，我们认识了这个，却又错过了那个。我们总是在苦苦追求，却不知道，它早就以另一种形式存在于我们的身边。

《初恋是一个人的兵荒马乱》里的"我"永远也不会知道，班长是如何怀着忐忑不安的心将"我"的名字涂成蓝块的，可是初恋还来不及等我长大，就走了。后来，有了"伟大的校花同学"，可"我"的情商依然踟蹰在成长的路上。她为"我"背黑锅，给"我"送早餐，帮"我"将病历卡夹在笔记本里……爱情在路上走着，她却早已离去。人生的悲哀大概就是这样。张嘉佳说："我从你们的世界路过，你们也只是从对方的世界路过。"

有人说，感情是我们手里的沙子，你越是在意它，越是想握紧它时，它就越是要从指缝间悄悄溜走。当我们张开手时，空空如也，我们早已失去了它。

当我们与爱情在生活中渐行渐远的时候，那些曾经的记忆，再一次清晰地出现在我们的脑海里，就像席慕蓉在《青春》里所写的那样："所有的结局都已写好，所有的泪水都已启程，却忽然忘了是怎样的一个开始。"这时，松花江上的鱼，管春手里的烟，王亦凡杯中的酒，幺鸡手里的羊肉串，浮光掠影，山间岚气，世间烟尘，一切的一切，都见证了我们的爱情，我们的青春。最终，怀念成了我们写给青春与爱情的悼文。

"可是全世界没有人在等。是这样的，一等，雨水将落满单行道，找不到正确的路标；一等，生命将写满错别字，看不见华美的封面。"

张嘉佳说。

时光不会因某段恋情而凝固，更不会因某段岁月而停留，能停留在时空里的唯有记忆，那些深深浅浅的印迹，那些斑斑驳驳的色彩，那些朦朦胧胧的情愫，都成为我们记忆深处的爱情，缥缈却又刻骨铭心。那时，我们不得不感慨，我们走在单行道上，所以大概都会错过。而我们的一生，不得不前行，好在，也有人和我们一样，依然为爱疯狂，毛毛、黄莺、大饼、管春……

请相信爱情

——读《平如美棠》有感

当翻到这本书的最后一页时，我哭了。总以为此生再也不会相信爱情，但此刻我又信了，再一次相信爱情。《平如美棠：我俩的故事》的最后一页，是饶老先生画的《老伴图》：山间有流水，地上有鲜花，鸟雀啄食，古树苍苍，"我"与"美棠"相伴憩于树下，岁月静好。"老伴老伴，寻不尽的旧梦，翻不完的旧案，讲不完的故事，割不断的情缘""美好回忆，棠棣开花，平生鸿爪，如此年华"。一位耄耋老人，在回忆往事、眷念老妻时，依然如此深情。这不是爱情是什么？这让我想起归有光在《项脊轩志》中所写"庭有枇杷树，吾妻死之年所手植也，今已亭亭如盖矣"。爱，从来不会因为时光的流逝减淡或是消失，只会如陈酒，愈久愈浓；只会如江河，延绵不绝。

在翻开这本书之前，我想，六七十年的爱情故事、婚姻生活，怎么也不会风平浪静、波澜不惊，虽不说惊骇世俗，但也应该有一些小波澜，我们现在的婚姻爱情不都是这样的吗？谁知，翻开此书，竟有些诧异，当然更多的是安慰，是感动，始觉真情竟也可以如此平淡而真实，真实而感人。

在《临川记》中记录的"我和美棠的一次争吵"只有寥寥数语，而且强调此生中只有这一次——"这也是唯一一次我俩的争吵"——可为什么争吵，竟已不记得了。在我看来，这大概是夫妻相处之道中最难的——因为爱而宽容。一起生活六十余年，总应该有一点儿不愉快，但在老先生看来，都不值一提，更不会记得。相较于现代夫妻的"大吵三六五，小吵天天有"，这样的生活实在让人羡慕，这倒着实成了那句话——"只羡鸳鸯不羡仙"了。

人生的波折和苦难那么多，老先生却能以苦为乐，把那些坎坷与艰难一笔带过。我最不喜欢看"文革"时期的作品，几乎全是苦情戏，讲命运如何捉弄人，如何让人无奈与不堪。而老先生对这段时光的回忆，居然是那样的平淡，让人觉得那段日子似乎是咖啡，虽苦犹香。《问归期》里有

"我的小发明之一——铅丝、车胎补鞋法""一袜多用法",艰苦的生活让老先生能更好地利用现有物资,生活顿时有了情趣,苦日子也生出了滋味。长长的筒袜,一截一截地缩短,最终成了短袜,穿破了再扔掉。还有"伴我十年的列宁装",最初是"我"的礼服,十年后成了重达"十斤"的"压被衣"。随着时光的流逝,"纯粹的礼服"竟多出两个"特异功能"——防雨、压被,在严冬时节,给了客居他乡的人温暖和踏实。

身处苦难之中,更能看出一个人生命的韧性。老先生的书里,没有哀哀怨怨,没有凄凄惨惨。所有的经历都只是一"画"而过。草帽中藏单词,蚊帐里弹木板,苦日子过出了甜味道,让我们这些整日将时间浪费于抖音微信的新时代青年汗颜。

苦难的日子能给人留下更多记忆,所以显得冗长;安乐的日子,记忆反而显得苍白,所以误以为时光流淌得很快。生老病死是人生的必修课,任何人都无法回避。久病床前无孝子,却有"痴夫"。美棠老了、痴了、呆了、傻了,"我"陪着她;病了,"我"陪着她,但即使如此,依然留不住她离去的脚步。弥留之际,美棠最后的叮嘱是"照顾好你的爸爸"。

中年人在见多了聚散离合之后,心也变得迟钝,别说爱情,就连人与人之间最简单的关系都懒得去维持,以冷眼旁观的态度,看着世上来来往往的人,难得有心动的时候,更不用说怀一颗赤子之心,以满腔的爱去面对生活了。《平如美棠》看似在说"我们俩"的爱情,实则在写"我们俩"的人生。人生起起伏伏,经历的苦难太多,但有了爱的滋润,便会让人觉得就连苦难都能开出绚丽的花朵。世间万般无奈与辛酸,都被这赤忱、执着的情感所掩盖,深藏在老先生拙朴的画笔之中。在八十七岁高龄的老先生的记忆当中,与美棠在一起的生活是最值得炫耀的事情。夫妻之间,没有指责,没有抱怨,没有背叛,有的只是关爱、体贴、付出、包容、感恩……他们所拥有的爱情,永远保持着最初的模样。这着实令人羡慕,隔着世纪"喂"了后人一把"狗粮",同时也提醒现代人反思自己的生活。或许是我们不够好,不配拥有最完美的爱情。

此生已已,"阅尽荣枯,从此红尘看破,盼来世,再续姻缘"。愿平如美棠来生再见。

第六辑｜文学乱谈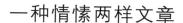

一种情愫两样文章

——《蒹葭》与《雨巷》的对比性学习

一位姑娘，穿越千年，走过水之湄，走过水中坻，走过水之涘，走过千年悠长的岁月，走进江南深处的雨巷。人生之路虽各不相同，一种情感却可以穿越千年，永不老去，就像那位从古画中走出的姑娘。

《蒹葭》与《雨巷》的创作时间相差两千多年，但其主要意象、构成意境和所抒情感却极为相似。在这里，就让我们运用对比的方法，再一次欣赏这两首佳作，品味其中所蕴含的亘古不变之美。

清秋，渭水之滨，秋水浩渺，河畔间，芦苇苍苍，白露凝结成霜。"伊人"近在眼前，可是望穿秋水、万般煎熬却不得相见。无奈、落寞、惆怅。《蒹葭》景色凄婉，情感惆怅，寥寥几笔，形象凸显。诗人以"苍苍""萋萋""采采"的蒹葭和已凝结成霜的白露为主要意象，为我们营造了一种深秋江滨的苍茫意境。深秋的早晨，芦花苍苍，随风摇曳；秋风楚楚，白露成霜。生长在河边的芦苇，颜色由苍青变为青黄，青黄中又泛白。晶莹的露珠由清透的水滴化为薄雾，由薄转浓，又由浓雾变成浓霜。飒飒秋风送来浓浓的秋意，渺渺秋水泛起逼人的寒气。近看，秋波幽深；远眺，河水蜿蜒，水气迷蒙，水中小洲时隐时现，水天一色，天地都笼罩在这片苍凉迷茫之中。整个画面色彩单调，意境苍凉。盈盈一水，将我们阻隔，"我"的心上人似乎近在眼前，又似乎遥不可及，时远时近，若隐若现。雾里看花花更美，水中望月月生辉。"所谓伊人，在水一方"，伊人却可望而不可即，这又给画面增添了无限落寞与惆怅。

同样的意境也出现在了《雨巷》中。

黄昏，江南小巷，烟雨迷茫，篱墙颓圮，身旁飘过的目光凄婉迷茫，空留"我"在雨中哀怨、彷徨。《雨巷》中景物颓败，情感哀怨，虽不加修饰，但感人至深。诗人以雨巷、丁香作为主要意象，又辅以发黄的油纸伞和颓圮的篱墙。江南的小巷阴暗潮湿、狭窄幽深，青石路湿滑，路两边是寂寞的人家，高耸的墙上印满青苔，单调的色彩在雨季更加灰暗。诗人又用"丁香一般的"来修饰那个走在雨巷中的姑娘，更显哀怨。

　　丁香历来被视作"愁心"的代名词，除了李商隐的"芭蕉不展丁香结，同向春风各自愁"和李璟的"青鸟不传云外信，丁香空结雨中愁"，还有韦庄《悼亡姬》中的"竹叶岂能消积恨，丁香空解结同心"；毛文锡《更漏子》中的"偏怨别，是芳节，庭下丁香千结"；陈允平《摸鱼儿》中的"丁香共结相思恨，空托绣罗金缕"；近代国学大师王国维《点绛唇》中的"西窗白，纷纷凉月，一院丁香雪"等。在这些诗词中，"丁香"都被用来营造凄凉的氛围，抒发悲苦的愁绪。《雨巷》也不例外，阴暗潮湿的画面，加上发黄的油纸伞和幽怨的、如丁香一般的姑娘，使意境更加伤感、迷茫。而作者一咏三叹的韵律，使整个诗境更加哀婉惆怅。

　　除了意境，这两首诗的抒情方式和所抒情感也极为相似。

　　古人多情，且抒情含蓄。"蒹葭苍苍，白露为霜。所谓伊人，在水一方"。在水一方的美女让我想到了"自古美人如名将，不许人间见白头"。或许，这里的美女与我们一般意义上的美女有本质区别。她并非诗人心上之人，而是诗人心中之志。虽然有很多人认为《蒹葭》是在描写一位热恋者对心中爱人的追求，表现主人公对爱情的执着，但也有人认为这首诗是隐士的明志之作。而当我吟咏《雨巷》时，突然觉得，她不就是从《蒹葭》里走出来的姑娘吗？这位美丽了千年的姑娘，她的真容是否就是让无数人苦苦追寻、指引我们前行、给我们动力、却又可望而不可即的理想？抑或是那个想要追求完美的自己？

　　运用象征手法抒情明志，是古代文人惯用的写作方法。

　　屈原大概是中国文学史上有记载的最早的热衷于写香草美人的先贤了。他在《离骚》中大量运用香草美人来比喻自己高尚的道德与节操，后来干脆以美人自喻或喻君王，前者有"众女嫉余之蛾眉兮，谣诼谓余以善淫"，后者如"惟草木之零落兮，恐美人之迟暮"。当然，后世也不乏以美人自比之人。唐代诗人朱庆馀在《近试上张水部》中写道："洞房昨夜停红烛，待晓堂前拜舅姑。妆罢低声问夫婿，画眉深浅入时无？"以美人自比的朱庆馀获得了张籍的赞赏,张籍写《酬朱庆馀》回赠:"越女新妆出镜心,自知明艳更沉吟。齐纨未是人间贵,一曲菱歌敌万金。"于是朱庆馀名声大振。后来,张籍婉拒别人的邀请时,写了一首《节妇吟·寄东平李司空师道》:"君知妾有夫,赠妾双明珠。感君缠绵意,系在红罗襦。妾家高楼连苑起,良人执戟明光里。知君用心如日月,事夫誓拟同生死。还君明珠双泪垂,何不相逢未嫁时。"在诗中,他也是以"美人"明志,巧妙含蓄地表达了自己的态度。

朱熹曾说:"言秋水方盛之时,所谓彼人者,乃在水之一方,上下求之皆不可得。然不知其何所指也。"这句"不知其何所指"包含了很多种理解。由此可见,以美女自喻或者喻理想、喻追求,古已有之。谁能肯定地说,《蒹葭》中的女子不是诗人所执着追求的理想呢?

如美人一般的理想走出《蒹葭》,化作另一位姑娘飘进了戴望舒的诗歌,走进这江南深深的雨巷。只是,《蒹葭》是用秦风古韵吟咏,而《雨巷》是用清新明朗的白话文弹唱,仅此而已。

1927年的中国大地尚笼罩在白色恐怖之中。年轻的戴望舒因参加进步活动而不得不避居于松江友人家中。他在孤寂中咀嚼着革命失败后的幻灭与痛苦,心中充满了迷惘,但仍保留着些许朦胧的希望。曾经的理想宛如一位凄婉、哀怨、迷茫彷徨的姑娘,行走在寂寥幽深的雨巷之中,而孤独的诗人就如同那个思慕女子、望断秋水的男子,热切而渴盼,执着而迷茫。

在《雨巷》中,诗人反复吟唱"丁香一样的,结着愁怨的姑娘"。她有"丁香一样的颜色,丁香一样的芬芳,丁香一样的忧愁"。姑娘是美好的、高洁的、哀怨的,正如诗人高洁美好的理想。"在他的诗中,姑娘的形象往往寄寓着他的理想,而孤独的游子的形象则往往是诗人自己。"蓝棣之先生在他的文章中这样写道,"他的诗常常表现出游子追求理想的命定的徒劳,而这里的特点恰好又是对没有希望的理想付出全部的希望与真情。"

可见,在诗人那里,"姑娘"即"丁香","丁香"即"姑娘",而"丁香""姑娘"又都是诗人所追求的理想——美丽而高洁。"像梦中飘过,一枝丁香的,我身旁飘过这女郎;她静默地远了,远了,到了颓圮的篱墙,走尽这雨巷。"诗人的理想就像"丁香"或"姑娘",可望而不可即,能擦

肩而过，却难以把握；能美丽邂逅，却终难长相厮守，只得空留一腔惆怅。就像那位浅吟低唱着秦风古韵的歌者，再一次弹奏起低沉而忧郁的曲调。

从传统文学中汲取精华，借鉴传统文学的手法解读现当代文学作品，不仅可以提高我们的文学素养，还可能为我们带来意外惊喜，发现古今相似的灵魂，感动于人世间相似抑或是相同的情愫。

丰富生命体验，提高审美情趣

——小谈"月满西楼"

一直觉得"月满西楼"这一意境很唯美，至于有多美，我却从未细究、细品过。

李清照《一剪梅》中的"云中谁寄锦书来"，即希望鸿雁为自己送来消息，表达了她对远方任职的丈夫的深切思念。至于"月满西楼"有何独特意蕴，却不曾深究，只觉月光撒满西楼，思妇寂寞惆怅。直到有一天，我见到了"满西楼"之月。

《春江花月夜》有句"玉户帘中卷不去，捣衣砧上拂还来"。入户之月应为初升之月，徘徊之月色应为斜照之月，至于是前半夜之月还是后半夜之月，似乎只有根据诗境才能判断。那"满西楼"之月应为何时之月呢？

以前一直以为，"满西楼"之月当是"月正中天"之月。月色正浓，方可"满西楼"，不然如何去"满"？直到某日晨起上课，方知"月满西楼"之月，当是月将西沉而曙光将现之景。

先说何谓"西楼"。古诗中的"西楼"是指主体建筑在西边、楼梯向东的小楼。由于主体建筑在西，因此可以很方便地看到月亮，尤其是下沉之月，也就是曙光来临之前的月色。

何以见得？

月亮初升，亦可将清辉洒向人间，但东属阳，有阳气上升之感，并不适合表达哀思，如"月出于东山之上""海上生明月"等，表达的情感都较为清朗惬意，而非哀怨忧伤。

月正中天，则不可能"月满西楼"，月光只朗照庭院，如"庭下如积水空明，水中藻、荇交横，盖竹柏影也"。诗中多用"月光如水"来写月色之明亮。再如"皎皎空中孤月轮"，用"皎皎"一词突出中天之月的皎洁、明亮。

再回到《春江花月夜》。"玉户帘中卷不去,捣衣砧上拂还来"写的就是月之西斜。如若不是月之西斜,月光便不会透人窗棂,"月满西楼"之景也就不会出现。如此看来,"满西楼"之月只能是下沉之月,且月已西斜。从视觉效果上来讲,该是"一钩残月向西流"。要想写出这种诗句,就要忍受漫漫长夜的煎熬,这是苦苦等待天亮的思妇或游子才会有的生命体验。诗句先说秋天来临,天气渐凉,黄昏之时,雁阵惊寒,诗人登高远眺,情思悠长。诗中主人公夜宿西楼,"月光如水照缁衣",睹月思人,彻夜难眠,直到东方欲晓。黎明前的黑暗使月色愈发显得明亮而皎洁,也使难眠之人更多情也更伤心。月光的多情更引发了思妇的无限惆怅,如水的月光让词人想到"花自飘零水自流",生命在煎熬的等待和期盼中流逝,故而生出"一种相思,两处闲愁"之感慨。

若不是这次偶然,又怎能真正体会"月满西楼"的伤情?可见,提高审美情趣需要增加生命体验。

那么,我们应该如何增加生命体验、提高审美情趣呢?

首先,增加生命体验、提高审美情趣离不开广泛的涉猎与积累。丰富的积累是提高审美情趣的前提。水不积不深,山不积不高,"驽马十驾,功在不舍"。长期的积累,使我们既能汲取古人的智慧,体验古人的情感,又能丰富生活体验,提高文化修养。广泛的涉猎能使人的眼界更加开阔。当视野拓宽之后,生命的体验面就会扩大,感觉也会变得更加敏锐,这样我们可以捕捉到生活中的细微变化。

其次,增加生命体验、提高审美情趣离不开细心的观察。要做生活的有心人。世界从来都不缺少美,而是缺少发现美、享受美的眼睛。审美情趣,关键在于"审美",而发现美、享受美是提高审美的前提。如果视眼前的生活而不见,心里只有诗与远方,那"远方"就只能永远是到达不了的地方。

以前读到《郑风·女曰鸡鸣》的"女曰鸡鸣,士曰昧旦,子兴视夜,明星有烂,将翱将翔,弋凫与雁"时,就感到疑惑:"鸡鸣之时,昧旦之际",不应该是天将亮而未亮之时吗?这时为什么是"明星有烂"呢?"明星"指启明星,启明星会发光,但"烂"应是非常明亮之意。某一次升旗仪式，天还未亮，我面向东方，突然看到了熠熠生辉的启明星。果然是"明星有烂"，古之人不余欺也！这时的天空，月已渐沉西方，东方朝阳尚未升起，东边微微有一际白线，远远的天空露出曙光，群星隐去全无痕迹，只有在头顶偏东南处，启明星发着光，显得尤为清亮。一瞬间，我似乎读懂了古人的生活，感受到了他们生命的存在。"西湖一勺水，阅尽古来人"。在这茫茫宇宙之中，永恒的日月星辰见证了人类数千年来生生不息的轮回。

最后，增加生命体验、提高审美情趣离不开联想与想象。理论知识与生活体验、生命实践之间永远隔着一条鸿沟，唯有通过丰富的联想与想象，方能跨越鸿沟，再现诗意，体会情感。联想与想象是思维拓展的通道，如大脑的触角，唯有丰富，方可构成立体图像。人应具备举一反三的相关联想能力、由此及彼的相似联想能力，以及阴阳两极的相对联想能力。联想能够拉近知识与能力之间的距离。只有先想到，才有可能做得到；只有先"联"得上，方有可能"系"得住。而这种联想在学习古诗词的时候更为必要，由清风知明月，由白云思游子，见落日而思归程，见落花而思芳华。通过联想、想象，可再现诗词意境，缘景明情，披文入理，深度理解诗词内容，感悟古代先贤思想，丰富生命体验，提高审美情趣。

本是人间可怜人

——杨二嫂与七巧的对比性学习

张爱玲与鲁迅的生活年代相近,但他们对社会的关注点、对生活的态度以及对笔下人物的塑造都有着很大差别。不过难得的是,二人对国民性的揭露在其作品中似乎又有着某些相似之处,例如鲁迅笔下的杨二嫂与张爱玲笔下的七巧。我们可以用对比的方式来分析这两个人物形象,以提高文学鉴赏能力。

杨二嫂是鲁迅在小说《故乡》中塑造的一个人物形象。杨二嫂为人刻薄势利,对不如自己的人常会露出鄙夷的神色。在《故乡》中,鲁迅对杨二嫂虽着墨不多,但她"细脚伶仃"的"圆规"形象十分逼真,让人印象深刻。

七巧是张爱玲《金锁记》的主人公。七巧未出阁时生活还算自由,自从嫁到姜家,就成了金钱的奴隶。为了钱,她不惜牺牲爱情、亲情;为了钱,她不惜毁掉自己的幸福婚姻,甚至亲手摧毁儿子长白、女儿长安的人生。

这两个看似风马牛不相及的人物,却有着很多相似的地方。

首先,二人的出身相似,包括两部小说对其家世的介绍方式都是相同的,即通过插叙,分别介绍了二人的出身。

《故乡》是这样描写杨二嫂的:"哦,我记得了。我孩子时候,在斜对门的豆腐店里确乎终日坐着一个杨二嫂,人都叫伊'豆腐西施'。但是擦着白粉,颧骨没有这么高,嘴唇也没有这么薄。而且终日坐着,我也没有见过这个圆规式的姿势。那时人说:因为伊,这豆腐店的买卖非常好。"杨二嫂当年是豆腐店的招牌人物,既然被称为"西施",想必是有几分姿色的。只是"终日坐着"便可有好生意,由此处也能看到她日后的境遇,因为"以色事人",总会"色衰而爱弛",自古如此。这家"凭美貌换生意"的豆腐店,终有一日生意不好,便也是情理之中的事了。

七巧在未出阁之前是磨坊老板的女儿,一味攀高枝才嫁到姜府。快嘴丫鬟小双在《金锁记》一开始就道出了七巧的家事:"麻油店的活招牌,站惯了柜台,见多识广的。"在七巧自己的回忆中,"临着碎石子街的馨香的麻油店,黑腻的柜台,芝麻酱桶里竖着木匙子。油缸上吊着大大小小的铁匙子。漏斗插在打油人的瓶里,一大匙再加上两小匙正好装满一瓶——一斤半。熟人呢,算一斤四两"。出生于麻油店的七巧在偌大的姜家大院,产生严重的自卑心理,上到夫人太太,下到丫鬟婆子,似乎都对她没有几分好感。

两位作家用几乎相同的叙述方法,为我们介绍了两位出身相近的市井女性。

其次,二人的长相、神态以及性格特点极其相似。

鲁迅惜字如金。他笔下的杨二嫂,"擦着白粉,颧骨没有这么高,嘴唇也没有这么薄",仅寥寥数语,其形象就已跃然纸上。二十年后,她变成了一个"凸颧骨,薄嘴唇"的女人。"两手搭在髀间,没有系裙,张着两脚,正像一个画图仪器里细脚伶仃的圆规。"当我一时记不起她时,她"显出鄙夷的神色,仿佛嗤笑法国人不知道拿破仑,美国人不知道华盛顿似的,冷笑说:'忘了?这真是贵人眼高……'"在鲁迅笔下,杨二嫂是一个年轻时漂亮、进入老年长相"刻薄"又精于算计的女人。她的尖牙利齿,让久离故乡的"我"一时不知该说什么好。我先是"吃了一吓",继而"愕然",接着"愈加愕然",若不是母亲在旁边提醒,"我"是万不知道该说什么的。与她的聊天,也是先"惶恐",继而"知道无话可说了,便闭了口,默默的站着"。"圆规一面愤愤的回转身,一面絮絮的说,慢慢向外走,顺便将我母亲的一副手套塞在裤腰里,出去了。"得了便宜还绝对不卖乖,不失时机地胡说八道,外加明目张胆地揩油,这些事,也只有这个"可怜"之人能做得出来。

我们再来看看张爱玲笔下的七巧。

七巧是在三奶奶兰仙嫁到姜家之后,第一天给老太太请安时出场的。她"一只手撑着门,一只手撑了腰,窄窄的袖口里垂下一条雪青洋绉手帕,

身上穿着银红衫子，葱白线镶滚，雪青闪蓝如意小脚裤子，瘦骨脸儿，朱口细牙，三角眼，小山眉……"如果按照中国古代传统文学描绘的形象，单看这长相，七巧就不是什么福泽深厚之人。她一开口吐字，别人就能知其刻薄尖酸。倘若只是说说别人也就算了，在三奶奶刚刚嫁到姜家的第一天，她就"不失时机"地开始"展示"自己的弱势："横竖我们那位眼看是活不长的，我们净等着做孤儿寡妇了——不欺负我们，欺负谁？"在她的嘴里，得病的丈夫就是"没有生命的肉体"。七巧对自己的丈夫嘴下都毫不留情，对其他人更是可想而知了。

想来，这两位女性都是身体单薄、纤细之人，从外观上讲，都没有富贵之相，脸也是略显干扁。除体貌特征之外，两个人的势利、尖酸刻薄和极端利己也是相似的。两个相貌出众的女子，却落得悲惨的下场，本应让人扼腕叹息。如看到《红楼梦》中的诸多女儿家凄凄惨惨，会令人心里不忍。不想，这明明是两个可怜之人，却引不来人们的半点同情。

相似的性格，也造就了她们相似的命运。虽然鲁迅在《故乡》中并未给出杨二嫂的结局，但是我们在《祝福》《药》等故事里，也能寻得人物命运的蛛丝马迹。杀死祥林嫂的或许不是柳妈，不是卫老婆子，更不是那些短工，那些鲁镇的男人女人。但在这些男人女人中间，不知道有多少个"杨二嫂"？在《金锁记》的最后，张爱玲写道："三十年来她戴着黄金的枷，她用那沉重的枷角劈杀了几个人，没死的也送了半条命。"

鲁迅和张爱玲笔下的人物都会"杀人"！其不同之处不过是"杀人"的方法手段不同而已。这不得不让我觉得，她们的可恨之处着实不少。

本是人间可怜人！

对比鉴赏，剖析名家视角；品读经典，体味百态人生。

附 录

明眸善睐

——作文拟题教学设计

一、设计思路

本节课是高考作文系列讲座中的第五讲。前四讲分别从作文的审题、立意、构思等角度对学生进行了作文指导,本节课则要让学生在立意已定的基础上,学会创造性拟题。本节课的教学指导思想为学以致用,主要针对学生在写作时出现的理论与实践相脱节的问题。为了能让学生将理论与实践相结合,在教学过程中,所举案例有很多来自前几次作文训练,这样能让学生学着容易,用着不难,切身体会学习写作的乐趣。从实践到理论,再回到实践,是本次教学设计的主体思路,旨在让学生能够创造性拟题,拟题之后换题,直到拟出令自己满意的作文题目。

该教学设计最突出的特点是讲练结合,让学生在轻松愉悦的氛围中毫无压力地学习,引导他们进行拟题、换题训练,对比斟酌,从而选择最佳。这样设计,有利于创设轻松愉悦的课堂氛围,使课堂教学变"教"为"导",突出学生在学习活动中的主体地位。在教学过程中,教师要充分突出师生间互动合作的重要性,鼓励学生多思考,激发学生的求异思维,进而有效培养学生的创新精神和实践能力,提高学生的综合素质。

二、教学目标

(一) 知识与能力

掌握作文拟题的基本技巧,在写作或面对其他作品时能够快速拟出鲜活、新颖、耐人寻味、富有个性的标题。培养创新精神和实践能力,提高综合素质。

（二）方法与途径

采取讲练结合的方法，以达到掌握并巩固知识的目的。

（三）情感与评价

培养善于观察的习惯和求异思维，激发写作兴趣。

（四）现代教学手段的运用

PowerPoint 幻灯片制作的多媒体课件。

三、教学重点与难点

本次教学的重点是如何拟出独特新颖的作文题目。针对陕西省近年来的高考作文很少有命题和半命题作文这一现象，以及学生作文大多过于平实、大众化这一特点，我们有必要对学生的作文拟题进行专项训练，从而让学生能够拟出高质量的作文题目。这就要求学生掌握一些拟题方法和技巧，这也是本次作文训练的重点。对已经拟好的作文题目进行替换，使作文题目更新颖、更独特，同时符合作文的构思和立意，这是本次作文训练的难点。通过难点突破，让学生能够真正拟出"人无我有，人有我独"的作文题目，吸引阅卷老师的注意，决胜于高考战场。

四、教学准备

（1）搜集动物图片，制作幻灯片，导入新课，以营造轻松愉悦的课堂氛围。

（2）首先，从学生的习作中找出高分作文，分析这些作文题目的特点。其次，搜集高考满分作文，比较其作文题目与学生作文题目的异同。最后，将其制成幻灯片，以便学生对比和分析，归纳高分作文的题目特点，从中寻求作文拟题的方法和技巧。

（3）甄选学生作文中的部分优秀作文，制作幻灯片，以节约时间，让学生有充足的时间讨论、对比、拟题、换题，调动学生的学习积极性，鼓励学生运用求异思维，激发学生的写作兴趣。

（4）设计课堂练习题，寻找符合要求且可激发学生兴趣的图片，引导学生运用本课所学的方法与技巧，进行拟题训练，以达到学以致用的目的。

五、教学过程

（一）导入新课（情趣式导入，展示幻灯片1—3）

看到小狗熟睡的图片，同学们会想到什么呢？如果给图片取个名字，你会取什么名字呢？若取名为"春眠"，我们马上就会想到"春眠不觉晓"的诗句。这样，小狗憨态可掬的形象一下子就显现了出来，可见，独特的题目会使人们产生丰富的联想和想象。我们写作文也一样。特别是考场作文，要在45分钟之内写出让阅卷老师在极短的时间内有兴趣看完，且给出一个令人满意的分数的作文，作文题目至关重要。俗话说，眼睛是心灵的窗户，作文题目就是作文的眼睛。我们如何才能拟出"长有明眸"的作文，受到阅卷老师的"善睐"呢？今天，我们就来探究一下作文的拟题。

（二）师生共同探究作文拟题的方法和技巧（展示幻灯片4—14）

1. 创造性拟题的原则探究

在上次语文活动中，我们进行了"个性化名著解读"，出现了这样一些作文题目。大家一起分析一下，这些题目有何特点：

《读一篇文章，走一个世纪》

《泪水浇灌的爱情》

《花香"袭人"》

《我的世界，有谁能懂？》

《你到底为了什么？》

《为"前"我才会变"坏"》

《放在我心上的林妹妹》

《人性的尊严，生命的礼赞》

总结：拟题要与众不同，突出个性化的特点。

2. 第一种方法探究

我们先来分析一组高考满分作文题目，看看这些题目有何特点。（学生活动）

《心灵激起生命的浪花》

《我心如雪》

《心是一棵会开花的树》

《点一盏心灯》

《倾听心灵的钟声》

《走出心灵中的感情误区》

《21世纪你美吗》

《鱼乎？熊掌乎？》

《生命岂能被痛苦占据？》

《寻找心灵的故乡》

《让爱导航》

引导学生分析以下题目所使用的修辞手法。

比喻：《别抱怨手上的牌》（挫折）

反问：《我是谁》（假如记忆可以移植）

对偶：《一头白发，满山青葱》（环保）

借代：《人生需要掌声》（鼓励）

拟人：《地球就诊记》（环保）

对比：《躺着读书，站着做人》（书）

拟定作文题目的第一种方法：修辞法。可使作文题目形象、生动，富于文采。

3. 第二种方法探究

我们再来看看另一组作文题目。

可以引用诗句：

《前不见古人，后不见来者》（假如记忆可以移植）

《横看成岭侧成峰》（答案是丰富多彩的）

可以引用流行歌曲：

《一笑而过》（宽容）

《一千零一个愿望》（心愿）

还可以引用名句：

《百年孤独》（友谊）

《滴滴香浓，意犹未尽》（亲情）

分析这种拟题方法的特点：引用、化用、套用。其好处为体现修养，

附录

令人耳目一新。

运用这种方法，分析学生自己拟的题目：

《悟空的寂寞，唐僧的错》

《要嫁就嫁贾宝玉》

《晶莹雪，寂寞林》

《曲终，人尽，花已陨》

《潜伏》

4. 第三种方法探究

分析另一组作文题目特点：

《选择牢笼》（选择）

《感谢你的敌人》《珍惜你的痛苦》（竞争）

《往事并不如烟》《以胖为荣》（关注生活）

《真想做个后进生》《渴望停电》（素质教育）

分析这种拟题方法的特点：运用逆向思维，使作文视角非常新颖独特。

5. 第四种方法探究

当然，我们并不能限制花园里的花，要求它们全都长成一个形状，一种颜色。在这个开放包容的社会，我们更提倡个性化拟题。例如：

表明文章采用的独特体裁：《患者吴诚信的就诊报告》《狼的辩护词》《留给子孙们的一封信》。

故事新编：《孙悟空下岗记》《昭君的选择》《小马过河》《孔乙己判案》。

数学符号式：《7－1＝0》（抛弃了诚信，人所拥有的诸如金钱美貌之类的东西就失去了价值）。

标点符号式：《我最需要……》《情缘？情怨！》。

个性化拟题能令人耳目一新，但不可滥用。要让题目符合写作要求，绝不能为了新颖而"东施效颦"，这样反而会适得其反。

6. 第五种方法探究

退一步讲，在生活中，姹紫嫣红是一种美，清水芙蓉也是一种美。环肥燕瘦，我们不能说谁最美，正如我们认为王熙凤美，但也不否认林妹妹

美一样。有时候,平实的拟题也会收到意想不到的效果。这种方法我们之前讲过,今天简单复习一下。

在中心词之前或之后加上相关词作为标题——这是最简便的拟题方法,如《学会阅读》《阅读的快乐》《多一点宽容》《爱需宽容》《找回诚信》等。

中心主旨本身即可以作为标题,如《生命的价值在于奉献》《诚信——为人之本》《改变思维,寻找快乐》《遭遇挫折,超越痛苦》。

7. 对比平实性拟题与创新性拟题的效果。

《初识鲁迅》

《我眼中的鲁迅》

《我心目中的鲁迅》

《咱可是迅哥》

《敢踢"鬼"的中国人》

《"读不懂"的鲁迅》

《从文章中透视鲁迅》

《树人者,迅也》

《田园中的现实主义者》

《手术》

《永不消逝的电波》

《剪一段时光缅怀你》

总结:创新性拟题,个性张扬,魅力四射。

(三)换题训练(展示幻灯片15—18)

有些同学,可以写出有文采的文章,却没有拟出靓丽的题目。我们可以帮忙改一改,补救一下吗?(师生互动)

初识鲁迅(侯珂)

倘若你似我一般百无聊赖,你或许能理解我为什么会突然猜测起前人的重量来。

我猜,关云长起码重100公斤,因为他情深义重,还有那一身武艺;苏东坡应该有70公斤左右,因为他有排除万难的精神;

附录

杜甫重65公斤，其60公斤都在心脏，那是对天下苍生的悲悯。而鲁迅，重21克——一个灵魂的重量。

学生讨论换题，教师点评。

初识鲁迅（张星星）

我认为鲁迅笔下的色调是灰暗的。他总是一个人在灰色空间中匍匐前行，尽管没有色调，没有温情，更没有同行者。鲁迅的文章极少清风明月，亦极少多愁善感，多的是在那个麻木冷漠的时代中，以文章作利剑，挑破一切肮脏丑恶的东西。

学生讨论换题，教师点评。

我眼中的鲁迅（韩超伟）

鲁迅的色调是黑，让人有一种错觉，他一直在黑暗中奋笔。灿烂阳光下鲁迅斑斑皱纹的老脸，是有史以来最不可思议的情状。他总是一个人在黑暗中潜行，一个人在黑暗封闭的管道中匍匐……

鲁迅很"偏激"，这和他的另一面"智慧"是不相符的，在为人处世上，他是个"失败者"。他不能学得钱锺书式的超逸。在中国，大师都应该是跳出红尘、俯瞰凡世的，唯独鲁迅不是。他无法忘记"非人间"，永远承受一个思想者的痛苦，而脱不出这个尘世，去享受一个仙者的宁静。

学生讨论换题，教师点评。

（四）练习巩固（展示幻灯片19—24）

根据以下材料，进行作文拟题训练。

人到晚年，倘若像这对老年人一样，能够"执子之手，与子偕老"，是一种莫大的幸福。倘若这种幸福求之不得，那偶与闺中密友分享快乐也是一种幸事。但这终究离儿孙满堂、其乐融融还有一些距离。如果像这位老大爷一般，自得其乐倒也不错，但谁知道这个"自"字之中又有多少无奈。像这位老大娘一样，独自走在弯曲的小路上，去和已故的老头说说话，背影就有无限的凄凉与悲哀了。我们都会老去。毕淑敏说："有一些事情，当我们年轻的时候，无法懂得；当我们懂得的时候，已不再年轻。世上有些东西可以弥补，有些东西永无法弥补。"赶快为你的父母尽一份孝心。请以"孝"为话题，为作文拟题。

接下来为学生活动。

（五）课堂小结

通过这次作文拟题训练，希望同学们能在之后的写作当中拟出与众不同的题目，决胜于高考战场。

创造性拟题

人无我有 { 修辞法 / 引用化用 } 生动形象展文采

人有我独 { 逆向拟题 / 个性拟题 } 富有情趣扬个性

六、教学反思

通过本次教学实践，我获得了以下经验：

在今后的作文教学实践中，我们应该尽可能以学生自己的作品为范例进行讲析，与学生共同分析，共同借鉴，这样更有利于学生对知识技能的掌握与应用。身边的示例与学生的距离更近，学生对其感到熟悉、亲切，觉得有趣，这样更易于激发学生的兴趣，引导他们观察和思考。学生有话想说，有话可说，师生之间就更容易形成良性互动。

通过本次教学，我认识到自己在很多方面还存在不足，课堂在预设与生成之间还存在一定距离。首先，设置问题的开放性不足，限制了学生的创造性，没能做到"给学生的思维腾出最大的自由空间"，学生的主动性发挥得还不够，在教学过程中，学生依然会受到束缚。其次，自身语言的灵活性和概括性不足，今后应更加注重专业素养的提高。最后，这次作文教学的实效性虽有体现，但尚不明显。如何让作文指导实现"指"而能"导"，实现理论与实践的有效结合，提高作文教学的实效性，构建作文教学的"高效课堂"，仍然是今后作文教学面临和亟须解决的难题。

附录

《长恨歌》的研究性学习

一、学习目的
(1) 学会用"以意逆志，知人论世"的方法鉴赏《长恨歌》。（学习重点）
(2) 把握《长恨歌》的多主题内涵。（学习难点）

二、学习过程
（一）情感引路

那是一场惹相思的杏花春雨，那是一片惹相思的梧桐落叶，那是一只惹相思的北飞南燕，那是一轮惹相思的弯钩残月。

春雨年年会落，杏花年年会开，秋草年年会生，南燕年年会飞。那一轮明月，圆了又缺，缺了又圆，年年如是，代代如斯，让人不得不感慨：千古明月千古恨，此恨绵绵无绝期！人生短暂，相思无穷。

让我们先读一读那些关于爱、关于相思的诗篇，体会一下旷古的深情：

> 恨君不似江楼月，南北东西。南北东西，只有相随无别离。
> 恨君却似江楼月，暂满还亏。暂满还亏，待得团圆是几时。
> ——吕本中《采桑子》

> 汴水流，泗水流，流到瓜州古渡口。吴山点点愁。思悠悠，恨悠悠，恨到归时方始休。月明人倚楼。
> ——白居易《长相思》

那是怎样的一种相思，又是怎样的一种离别？由此可知，"恨"的内涵有很多。那么，《长恨歌》中的"恨"指的是什么呢？

怨恨，思念，遗憾，叹惋……

"长"是什么意思？

时间久，空间广，程度深……

总结：有史以来、御宇之内的旷古深情。

这究竟是怎样的一段感情呢？是谁在"长恨"？作者？主人公？还是后

来人？或许也包括我们？接下来，让我们一起走进《长恨歌》的世界，去品味这千古一恋。

（二）知人论世

1. 知作者

白居易（772—846），字乐天，号香山居士，河南新郑人，唐代伟大的现实主义诗人。白居易的诗歌题材广泛，形式多样，语言通俗易懂，有"诗魔""诗王"之称。有《白氏长庆集》传世，代表作有《卖炭翁》《琵琶行》等。

> 不得哭，潜别离。不得语，暗相思。两心之外无人知。深笼夜锁独栖鸟，利剑春断连理枝。河水虽浊有清日，乌头虽黑有白时。惟有潜离与暗别，彼此甘心无后期。

——《潜别离》

黯然销魂者，唯别而已。这首诗是白居易为自己的初恋情人湘灵写的。"别"已经让人难以忍受，何况是"潜别离"？白居易的初恋是他永远的痛，虽然他日后又遇到很多有才情的女子，他也妻妾成群，可以"一日看尽长安花"，但那段年少时的爱情却深深地烙在了他的心头。那个女子是他心头的朱砂痣，让他牵肠挂肚，让他难以忘怀。于是，他将万般思念流于笔端，写成流传千古的诗句。在多年后的一天，白居易又一次邂逅湘灵。但是，每一次相遇都意味着别离。面对不得不面对的离别，白居易写下《潜别离》。千言万语都藏在一个"潜"字之中，此情不得诉，不得语，不得为人知，但又忘不了，舍不得，抹不去，后会无期。

2. 知主角

李隆基（685—762），庙号"玄宗"，后多称其为唐明皇。李隆基是一位富有传奇色彩的皇帝。他英明果断，多才多艺，通晓音律，擅长羯鼓，爱蹴鞠，擅长书法，仪表雄伟俊丽。中央民族大学的蒙曼老师评价他是一个"事业风流、情趣风流、爱情风流"的风流皇帝。

杨玉环（719—756），号太真，善歌舞，通音律，被后世誉为中国古代四大美女之一。17岁被封为唐玄宗之子寿王李瑁的王妃。受令出家后，22岁伴驾，27岁被唐玄宗册封为贵妃。安史之乱爆发后，随唐玄宗流亡蜀中。天宝十五载（756年），在马嵬驿死于乱军之中。

杨贵妃："愿大家好住。妾诚负国恩，死无所恨。"

唐玄宗："愿妃子善地受生。"

3. 配角李瑁

李瑁，其父唐玄宗，母亲武惠妃，开元十三年（725年）被封为寿王。李瑁和杨玉环于开元二十三年（735年）奉命成婚。武惠妃去世后，唐玄宗将杨玉环占为己有。天宝四载（745年），唐玄宗为李瑁安排了新的婚事。

4. 知评价

对于唐玄宗和杨贵妃的爱情，后人评价不一，以诗词为证。

> 海外徒闻更九州，他生未卜此生休。空闻虎旅传宵柝，无复鸡人报晓筹。此日六军同驻马，当时七夕笑牵牛。如何四纪为天子，不及卢家有莫愁。
>
> ——李商隐《马嵬》

> 空忆长生殿上盟，江山情重美人轻。华清池水马嵬土，洗玉埋香总一人。
>
> ——袁枚《题杨贵妃》

提问：君王到底是爱江山，还是爱美人？作者写此诗的目的是什么？

（三）以意逆志

"以意逆志"是指用自己的想法揣度别人的心思。它是中国古代文论的一种理念，也是理解诗歌的一种方法。《长恨歌》为白居易的代表作，我们要想透彻地理解其创作目的，就要理解白居易的诗歌主张和人生经历。白居易有两点诗歌主张。一是继承汉乐府"缘事而发"的现实主义精神，从中唐的社会现实出发，提出"文章合为时而著，歌诗合为事而作"的主张，这里包含两层意思，即反映时事和为现实而作。二是"惟歌生民病，愿得天子知"。由此可以推断白居易的写作目的，即"不但感其事，亦欲惩尤物，窒乱阶，垂于将来也"。同时，由白居易的人生经历可知，在《长恨歌》里，他不仅仅写出了诗中主人公的"长恨"，更融入了诗人自己的"长恨"，"恨"有情人难成眷属，"恨"有情人不能长相厮守。所以，诗歌到最后才会发出"在天愿为比翼鸟，在地愿为连理枝"的誓言。这既是杨贵妃为爱发出的呼喊，又是白居易为普天之下被棒打的鸳鸯、为情所困的人发出的心声。

（四）厘清思路

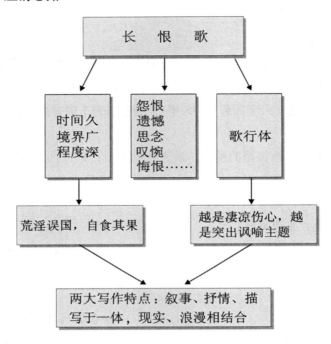

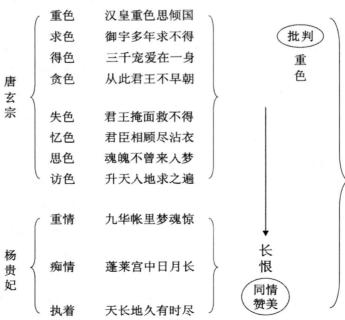

人是如何变成鬼的？（政治悲剧）人与鬼之间有何纠葛？（爱情悲剧）天上人间，此爱至死不渝；荒淫误国，此恨绵绵无期。

（五）美文美读

好文章需要大声读出来。读诗需要助读，以诗读诗，体会诗意。

1. 情感助读

（1）读诗要读出主人公的痴情。

上邪，我欲与君相知，长命无绝衰。山无陵，江水为竭。冬雷震震，夏雨雪。天地合，乃敢与君绝。

——汉乐府《上邪》

以此诗助读，理解杨贵妃"在天愿作比翼鸟，在地愿为连理枝"的痴情。

（2）读诗要读出主人公的千古之恨。

山川满目泪沾衣，富贵荣华能几时？不见只今汾水上，唯有年年秋雁飞。

——李峤《汾阳行》

记得有人说过，没有在深夜痛哭过的人，不足以谈人生。如此来看，唐玄宗是可以谈人生的。他的人生经历了极盛与极衰：他深深爱过，所以深深痛过；他曾经"芙蓉帐暖度春宵"，他也曾"孤灯挑尽未成眠"；他既将"三千宠爱"集于杨贵妃一人，又眼睁睁地看着她被白绫绞死。读懂了唐玄宗，就自然会对"富贵荣华能几时""唯有年年秋雁飞"的诗句产生强烈共鸣。以此诗助读，有利于体会唐玄宗的"绵绵之恨"。

（3）读诗要读出诗人、世人的千古之恨。

白居易的诗，融入了自己的人生体验。他把自己的爱情悲剧渗入诗歌之中，使唐玄宗、杨贵妃脱离了历史原型，重新对二人进行艺术加工和改造，赋予其更美好、更深刻的内涵。唐玄宗不再是荒淫无度的昏君，杨贵妃也不再是传统观念中的红颜祸水。他们的爱情被美化、被拔高，从而具有了更普遍的价值，也成了人们对世间真爱执着追求的赞歌。也正因为这样，这首长诗才获得了永恒的艺术魅力，成了歌颂爱情的不朽经典。

2. 材料助读

现实越悲惨，回忆越美好；回忆越是美好，遗恨越是无穷！

曾经坐拥强大帝国的他,现在已被尊为太上皇。听着好听,但实际上,他连人身自由都没有。曾经让他的生命迸发激情的她,已经被埋在马嵬坡冰冷的泥土之中。还说什么生生世世为夫妻,还说什么时时刻刻长相伴!甚至,那个老奴高力士也不在身边了。现任皇帝随便找了个借口,就把高力士贬谪到遥远的巫州。直到去世,他都再也没有见到这个忠心耿耿的老奴。说什么千古帝王,说什么万古痴情,到头来还不是"青山依旧在,几度夕阳红",只落得个"天长地久有时尽,此恨绵绵无绝期"?

3. 美文示读

欣赏《长恨歌》朗读视频(朗读者丁建华、乔榛)。

三、课后拓展

1. 思念是一壶老酒,醉了千年

    衣带渐宽终不悔,为伊消得人憔悴。

    ——柳永《蝶恋花》

2. 痴情是一杯老茶,苦了千年

    问世间,情是何物,直教生死相许?

    ——元好问《摸鱼儿·雁丘词》

3. 爱情这杯酒,谁喝都会醉

    红酥手,黄縢酒。满城春色宫墙柳。东风恶,欢情薄。一怀愁绪,几年离索。错,错,错!春如旧,人空瘦。泪痕红浥鲛绡透。桃花落,闲池阁。山盟虽在,锦书难托。莫,莫,莫!

    ——陆游《钗头凤》

    世情薄,人情恶。雨送黄昏花易落。晓风干,泪痕残。欲笺心事,独语斜阑。难,难,难!人成各,今非昨。病魂常似秋千索。角声寒,夜阑珊。怕人寻问,咽泪装欢。瞒,瞒,瞒!

    ——唐琬《钗头凤》

沈园别后,原本体弱的唐琬耽于旧情,忧思抑郁,不久便与世长辞。唐琬去了,一了百了,却留下漫漫长恨,让陆游一人去承受。

4. 课后思考:谁是祸水?

整理我国历史上所谓"女色祸国"的相关人物及材料,如夏代的妹喜、商代的妲己、周朝的褒姒、春秋的西施、三国的貂蝉、唐代的杨玉环、明代的陈圆圆等。

相关评价:"家国兴亡自有时,吴人何苦怨西施。西施若解倾吴国,越国亡来又是谁?"(罗隐《西施》)很多人将国家的兴起归功于明君贤臣,却将国家的衰亡归罪于年轻貌美的女子。真不知道是红颜误了国,还是国误了红颜。

5. 推荐作品鉴赏

《圆圆曲》(清代吴伟业)。

6. 课后巩固

学生完成习作,品味诗人、主人公、世人的情感,抒写独特感受。

《病梅馆记》教学设计

一、教材版本

人民教育出版社《高中语文·第三册》。

二、设计思想

该文为《高中语文·第三册》第六单元的一篇自读课文。文章篇幅较短,对高二学生来说,理解文章的字面意思并不困难。但是,因该文离学生的生活较远,所以引导学生理解托物言志的写作手法及作者的写作目的是本课的教学难点。针对教材与学生的具体情况,本课的教学设计指导思想应确定为:发挥学生的主体性,指导学生疏通并朗读课文,先用一个课时为学生逐一讲解文章的字、词、句,再用一个课时借助多媒体教学,引导学生理解文章的写作技巧及写作目的,同时组织学生讨论何为生命之美,以加深学生对古文与现代生活关系的理解。

此设计适用于《病梅馆记》第二课时,旨在将古文学习与学生对美的思考、认识、感悟联系起来,并以此为桥梁,使学生更容易理解作者的写作手法和写作目的。

三、教学目标

(一)知识教育目标

(1)了解作者龚自珍和本文的写作背景。

(2)掌握重点字词和句式。

(二)能力培养目标

(1)学习、鉴赏托物言志的写作手法。

(2)能够结合语境揣摩语言运用,品味准确、形象的语言。

(三)德育渗透目标

体会作者对清朝统治者摧残人才的无比痛心和迫切要求改良的强烈愿望。

四、重点难点

托物言志：以梅喻人，托梅议政，利用艺术形象隐晦地表情达意。

五、学生活动

发挥学生的主体性，让学生借助注释疏通课文，要求学生认真朗读，揣摩语言，理解内容。

六、课时安排

2课时。

七、第一课时教学回顾

疏通文章内容，学习文章中出现的重点字词及其他古汉语知识，熟读课文。

八、第二课时教学设计

（一）教学内容

体会作者的思想感情，把握作者的写作意图和写作特点，体会文章的现实意义。

（二）教学过程

1. 导入新课（幻灯片1）

每当听到大街小巷传来《暗香》的优美旋律，就会不由得想起林逋的咏梅佳句"疏影横斜水清浅，暗香浮动月黄昏"。在中国传统文化中，常以松、竹、梅等具有自然天性的事物比喻仁人志士，以其苍劲、坚韧、雅洁的特性来比喻坚贞不屈的高洁人格，更有诗人以梅傲雪独开、不畏严寒的高洁形象自况抒情。而这篇文章却以"病梅"为写作对象。这里的"病梅"有无象征意义？借助"病梅"，作者要抒发怎样的思想感情呢？我们今天来继续学习《病梅馆记》。（幻灯片2）

上一节课我们一起疏通了课文内容，学习了文中出现的重点字词。今天我们来共同学习本文的思想内容。

2. 研习新课

（1）请大家带着这几个问题，阅读课文的第一自然段，然后回答问题。（幻灯片3）

问题：什么样的梅被作者称为"病梅"？"病梅"的范围广吗？梅为什

么会生病？其根本原因是什么？

学生阅读课文，回答问题。

"斫正""删密""锄直"、毫无生气的梅被作者称为"病梅"，"江浙之梅皆病"。（幻灯片4、5）

导致梅花"生病"的根本原因：文人画士认为"梅以曲为美，直则无姿；以欹为美，正则无景；以疏为美，密则无态"，"有以文人画士孤僻之隐告鬻梅者""以夭梅病梅为业以求钱也"。

可见，病态的选梅标准（审美标准）是"病梅"出现的根本原因。（幻灯片6）文人画士是罪魁祸首，其他人是帮凶。

（2）这种病态的审美标准是在怎样的社会背景之下产生的？（幻灯片7）

由材料可知，龚自珍生活的那个年代，人才遭到严重的压抑和摧残。其遭受摧残的程度，我们可以从两个人身上窥见：一个是口中大呼"我中了，我中了"的疯子，另一个是满嘴之乎者也，"多乎哉，不多也"的潦倒书生。大家知道这两个人是谁吗？通过二人独具个性的语言，我们可知封建科举制度对人的毒害之深。

（3）大家可将"病梅"与这二人做一对比，看看他们有何相同之处，同时思考作者写"病梅"的用意何在。

组织学生讨论，让学生明确：他们都是被压抑、被摧残的人，不健康，毫无生气。

作者通过写梅的遭遇来写人的遭遇，确切地说，是写人才的遭遇。既然梅是指人才，那么病梅、文人画士及其他人又代表什么？组织学生进行讨论，最终明确：

  梅：人才。

  病梅：受迫害、被压抑的人才。

  文人画士：制定选拔人才标准的统治者。

  以文人画士孤僻之隐告鬻梅者：残害人才的帮凶。

"绳梅""夭梅""病梅"这一系列举动又有什么寓意？

通过描写"病梅"，作者批判了封建统治者压抑人才、束缚个性、禁锢思想的罪行。龚自珍自己就是一个被严酷的时代所压抑、摧残的人才。他才华横溢，却不被重用，最后被迫辞官南下。作者是如何面对黑暗的社会，面对大批人才被扼杀、被摧残这一事实的？要求学生朗读课文第二、三自然段，并概括其大意。

作者"疗梅"之行动、意志、决心，实际透露出作者挽救人才的愿望。他希望人才能够获得自由发展，尽情发挥自己的才能，人的个性真正得到解放，正如这一树梅花，在晨光中舒展怒放。（幻灯片8）作者对人才的爱惜和培养人才的决心在他的《己亥杂诗》中也有体现。（幻灯片9）从这首诗和《病梅馆记》中，我们可以看到一个虽饱受挫折，但仍坚韧自强、永不屈服、充满奉献精神的革命者形象，一如这棵梅树，傲视寒风。（幻灯片10）

（4）学生再次阅读全文，体会作者的思想感情（对人才的爱惜，对封建专制压抑人才、束缚个性、禁锢思想的痛斥）。

（三）小结

通过对以上问题的讨论，我们现在已经明确：文章以梅喻人喻政，作者托物言志，通过植梅、养梅、疗梅的生活琐事，以小见大，表达了破除封建束缚、追求个性解放的鲜明主张和愿望。

（四）拓展

作者对自己所处时代人才问题的思考，不禁让我们联想到现代社会的人才培养、选拔状况。大家先来看源于现实问题的两则材料：

教育问题：《冰雪融化后是什么？》。（幻灯片11）

人才选拔问题：《3＋2＝?》。（幻灯片12）

请就人才培养、选拔的标准和具体操作方法，谈一谈你的看法。

学生自由讨论。

教师总结：可以看到，当今社会也的确存在一些人才培养、选拔方面的弊病，但从发展的角度看，人才培养与选拔制度也在日趋完善。相信社会能为我们创造一个挖掘潜能、发挥特长、涵养聪明才智的环境，也希望同学们能够努力成才。让我们在自由的环境里绽放生命的美丽，尽情欣赏与体会生命的自由与快乐。

中国古代文学史顺口溜

2017 年夏，给学生讲中国文学史，故编此歌。

秦汉

秦汉文章赋最多，吕氏不韦是仲父。
骚赋大赋有四家，有马有杨和班固。
张衡幽思二京赋，司马上林子虚赋。
贾谊骚体吊屈原，影响最大积贮疏。
文学史学是班固，长安洛阳两都赋。
班马妹昭补作表，汉书断代第一部。
史记汉书三国志，前四史中把位驻。
乐府官员去采风，陌上桑下遇罗敷。
十五从军五十还，孔雀东南几回还。
昭明太子不简单，召集众人把文编。
文选古诗十九首，代表五言最高峰。
许慎说文把字解，第一部首编字典。
象形指事和会意，形声转注带假借。
史记全开文史宗，本纪世家记分明。
三十世家七十传，十表八书二十纪。
秉笔直书写春秋，武帝无奈厄史公。
战国四君名声大，楚春赵平魏信陵。
齐有孟尝争议多，鸡鸣狗盗逃城门。

魏晋南北朝

东汉末年建安间，三国鼎立魏彪悍。

司马篡权西晋建，东晋以后天下乱。
五胡乱华北魏统，宋齐梁陈都在南。
三曹七子有风骨，共写悲凉离乱苦。
曹操曹丕和曹植，短歌燕歌有豆釜。
文帝典论是诗评，燕歌文人七言诗。
子建遗诗白马篇，敬文辞赋是洛神。
孔融陈琳和王桀，应场徐干和刘祯。
七子最牛是阮瑀，儿子孙子全名传。
儿子阮籍孙阮成，竹林七贤齐出现。
阮籍猖狂穷途哭，向秀思旧注庄周。
嵇康正直山涛老，王戎无耻年纪小。
杜康造酒醉刘伶，喝酒随埋天地间。
左思辞赋也不凡，三都一出涨价钱。
渊明隐居开田园，桃花源里把心安。
干宝搜出神万千，志怪小说民间传。
灵运是大谢朓小，山水之间乐逍遥。
世说新语义庆编，笔记小说第一篇。
文心雕龙是刘勰，诗品钟嵘评论专。
道元水经开游学，三国国编陈寿撰。
后汉断代范晔编，蔡琰思子十八拍。

隋唐

隋唐五代四百年，万千诗文天地间。
初唐四杰有遗篇，王杨卢骆皆豪杰。
滕王阁中意气盛，长安路上行路难。
杨炯出塞从军行，骆宾咏鹅悲蝉鸣。
子昂一改绮丽文，天地之间怆然行。
吴中四士贺知章，包容文雅张旭狂。
若虚春江花月夜，独占孤篇压群芳。

王维摩诘是诗佛，山居观猎鸟鸣涧。
浩然正气万古传，王孟齐名山水田。
高适岑参王昌龄，塞上塞下燕歌行。
昌龄被称七绝圣，全凭一首出塞名。
秦时明月汉时关，万里长城人未还。
李白斗酒诗百篇，诗仙称号不虚传。
月下独酌将进酒，秋浦静夜吟留别。
杜甫子美诗沉郁，厚重质实心忧天。
潼关石壕新安吏，无家新婚垂老别。
郊寒岛瘦好奇险，贾岛推敲闯韩关。
韩愈文起唐八代，河东与柳齐名传。
昌黎著说柳写记，永州八记寓难言。
诗魔乐天新乐府，琵琶卖炭长恨篇。
文章为时歌为事，大珠小珠落玉盘。
元白乐天会莺莺，除却巫山不是云。
诗豪禹锡居陋室，乌衣巷口竹柳枝。
诗鬼李贺诗奇特，雁门太守箜篌引。
晚唐难躲小李杜，商隐无题夜雨中。
锦瑟无端惹相思，心有灵犀一点通。
杜牧隐居长安南，樊川别墅把身安。
阿房宫中江南眷，秦淮岸边亡国恨。
希夷自吟白头翁，岁岁年年人不同。
采桑江南从军行，花间词派温庭筠。

宋

文忠先生号六一，醉翁亭中革诗文。
临川先生王安石，东坡居士字子瞻。
秦黄晁耒四学士，苏黄米蔡宋四书。
秦观婉约词之宗，纤云弄巧说两情。

潇潇暮雨洒江天，寒蝉凄切话离别。
仲淹司马谥文正，岳阳楼上通史篇。
资治通鉴正帝王，最大一部编年体。
沈括梦溪谈百科，岳飞精忠发冲冠。
陆游万里范成大，中兴尤袤谥文简。
万里首创成斋体，居士易安婉约派。
放翁存诗近万言，爱国热情美名传。
弃疾稼轩字幼安，诗词悲壮兼哀婉。
姜夔艺术是全才，超凡脱俗孤云般。
暗香疏影扬州慢，诗文古曲全精擅。
天祥爱国正气传，零丁洋里叹艰险。

元

元代蒙古性强悍，文人全部下凡间。
推动元曲始向前，四折一楔构简单。
杂剧散曲两类别，小令套数文体制。
汉卿窦娥救风尘，单刀相会拜月亭。
白朴墙上梧桐雨，光祖倩女有幽魂。
致远秋思是老祖，汉宫之中若度秋。
岳阳楼上青衫泪，光祖王粲去登楼。
实甫破窑丽堂春，西厢记中有张生。
君详孤儿传欧洲，一部戏剧引轰动。
养浩潼关来怀古，兴亡全是百姓苦。
四大爱情有离魂，墙头马上拜月亭。
西厢记里有私密，张生红娘崔莺莺。

明清

四大悲剧有冤情，秋雨绵绵有孤臣。
永嘉温州是南戏，荆刘拜月杀狗记。

宋元明清后四史,兰陵小生写世情。
三言二拍写梦龙,拍案惊奇喻警醒。
显祖临川有四梦,丽娘还魂牡丹亭。
南柯邯郸紫钗记,游园惊梦显精诚。
南洪北孔两双璧,长生桃花说爱情。
方域香君入空门,千古兴亡水常东。
松龄聊斋有狐精,短篇小说有婴宁。
儒林外史严临生,到死睁眼要吹灯。
中国古代大喜剧,无非花园有幽情。
救风尘,西厢记,李逵还要去负荆。
中山狼,看钱奴,墙头马上放风筝。
玉簪记,风筝误,牡丹丛中是吴炳。
十大悲剧家园情,窦娥冤,汉宫秋。
赵氏孤儿靠程婴,赵武杀仇屠岸贾。
娇红被压雷峰塔,长生殿上舞桃花。
红楼里面梦不成,清忠谱上写精忠。